AF403274

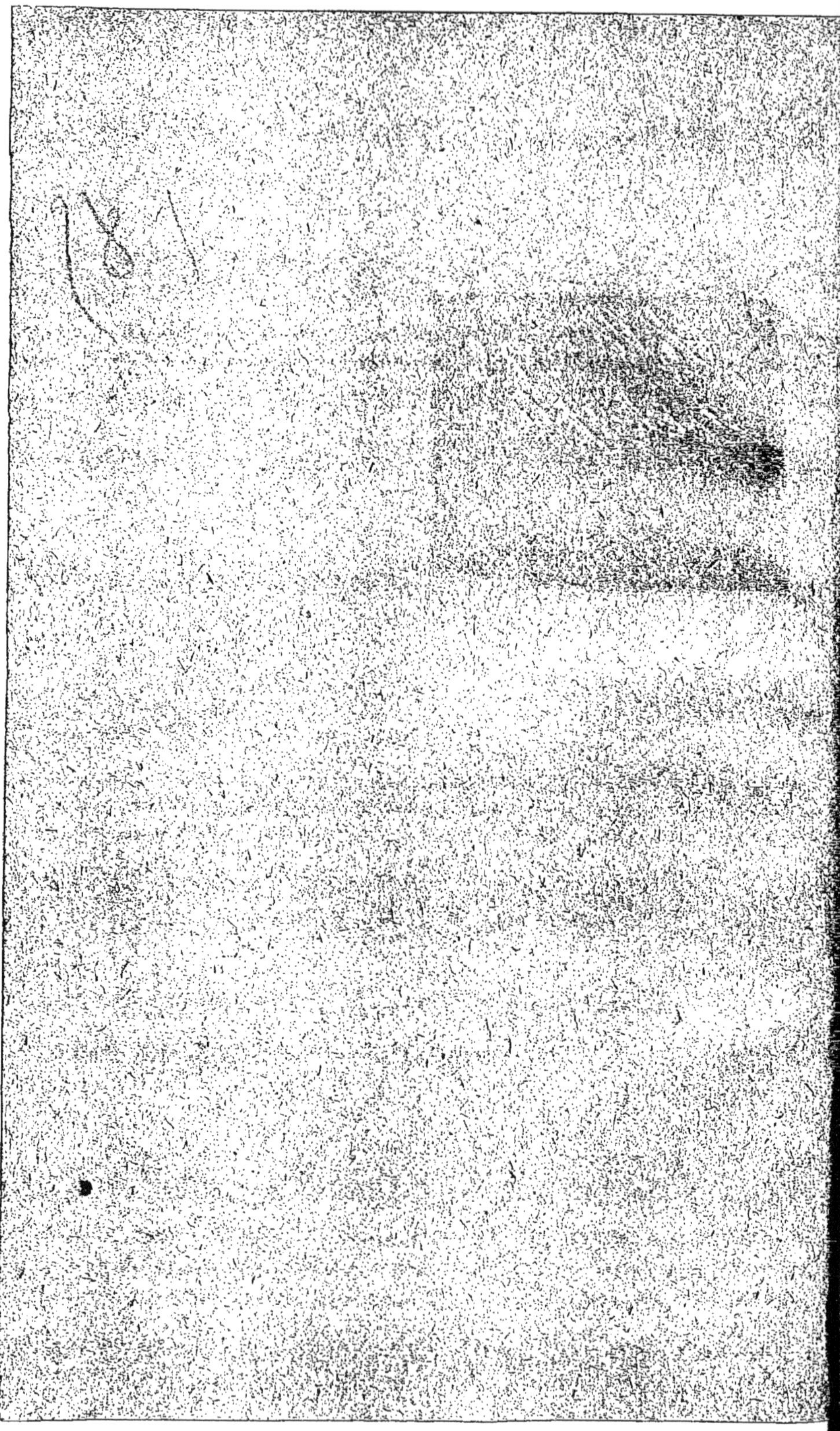

Curiosités cyclistes et automobiles

Bicyclettes et Tandems à pétrole
L'invention de la Locomotion automobile

PAR L. FERRUS

CHEF D'ESCADRON D'ARTILLERIE

AVEC 10 FIGURES ET 2 PLANCHES HORS TEXTE

BERGER-LEVRAULT & Cⁱᵉ, ÉDITEURS

PARIS | NANCY
5, RUE DES BEAUX-ARTS | 18, RUE DES GLACIS

1904

Curiosités cyclistes et automobiles

Roue libre

Bicyclettes et Tandems à pétrole

L'invention de la Locomotion automobile

Par L. FERRUS

CHEF D'ESCADRON D'ARTILLERIE

AVEC 10 FIGURES ET 2 PLANCHES HORS TEXTE

BERGER-LEVRAULT & C⁰, ÉDITEURS

PARIS   NANCY

5, RUE DES BEAUX-ARTS   18, RUE DES GLACIS

1904

Curiosités cyclistes et automobiles

Roue libre
Bicyclettes et Tandems à pétrole
L'invention de la Locomotion automobile

Par L. FERRUS

CHEF D'ESCADRON D'ARTILLERIE

AVEC 10 FIGURES ET 2 PLANCHES HORS TEXTE

BERGER-LEVRAULT & Cie, ÉDITEURS

PARIS | NANCY

5, RUE DES BEAUX-ARTS   18, RUE DES GLACIS

1904

Extrait de la *Revue d'artillerie*

CURIOSITÉS CYCLISTES

ROUE LIBRE

M. Juhel, ancien officier mécanicien de la marine [1], a publié en juillet 1896, dans la *Revue d'artillerie*, sous le titre : *Frein d'entraînement circulaire Juhel*, la description d'un double encliquetage à billes (ou à rouleaux) fort curieux, en indiquant que cet appareil était susceptible d'un assez grand nombre d'applications.

Le frein Juhel, qui permettait à volonté d'embrayer pour la marche avant, de débrayer pour laisser la bicyclette libre (*roue libre*) ou de freiner en contre-pédalant, a été depuis cette époque l'objet d'un assez grand nombre d'imitations tant en France qu'au dehors, et il a fini par revenir dans nôtre pays avec la consécration de l'étranger.

Au dernier Salon du cycle, on trouvait en effet sous le nom de *roues libres* un grand nombre d'appareils plus ou moins dérivés du frein dont nous venons de parler. La dénomination de « roue libre » tient à ce que dans ces appareils, contrairement à l'idée qui a présidé à la construction du frein Juhel, on attache plus d'importance à l'organe d'embrayage et de désembrayage qu'à l'organe produisant le freinage.

On désigne en effet sous le nom de « roue libre » un

---

[1] M. Juhel est mort à la la fin de l'année 1899, sans avoir assisté au succès de la *roue libre*.

système d'embrayage permettant au cycliste d'actionner sa roue motrice ou de cesser à volonté d'agir sur cette dernière.

Ce résultat s'obtient facilement en reliant le pignon moteur à la roue arrière au moyen d'un encliquetage quelconque, mais il devient alors indispensable de munir la bicyclette d'un frein pour permettre au cycliste de rester maître de sa vitesse, la présence d'un encliquetage ayant pour effet de supprimer de la part du cavalier toute action retardatrice.

Le frein peut du reste être complètement indépendant de l'encliquetage ou, ce qui est préférable, être solidaire de celui-ci, ainsi que cela a lieu dans les automobiles [1]. Le frein est dit alors automatique, ou semi-automatique, parce que le cycliste l'actionne instinctivement au moyen des pédales.

Divers systèmes d'encliquetage. — Les systèmes d'encliquetage sont fort nombreux. Ils se divisent en deux espèces principales qui sont : 1° les encliquetages à dents ; 2° les encliquetages à frottement.

ENCLIQUETAGES A DENTS.

(PL. I.)

Les encliquetages à dents sont bien connus. Ils se composent essentiellement d'une roue à rochet que viennent actionner un ou plusieurs rochets (ou cliquets).

La figure 1 représente un encliquetage de ce genre qui peut être actionné soit par un levier à cliquet (manivelle du cycliste), soit par une couronne motrice portant plusieurs cliquets (fig. 2).

L'inconvénient de ce système, très employé dans les

---

[1] Les règlements de police exigent sur tout automobile la présence d'un frein organisé de telle façon que le chauffeur, avant d'actionner le frein, se trouve forcé de débrayer le moteur.

machines-outils, est d'être assez bruyant à cause du passage du cliquet sur les dents.

On lui a reproché, en outre, dans les bicyclettes :

1° de ne pas assurer d'une façon certaine la mise en prise des dents, ce qui peut nécessiter l'emploi de ressorts plus ou moins fragiles et sujets à l'encrassement ;

2° de présenter un temps mort désagréable et même gênant pour le cycliste.

Frein Collet.

Il existe un encliquetage (fig. 3) où l'on a cherché à éviter ces divers inconvénients, et dont le fonctionnement notamment est assuré d'une façon complètement mécanique.

Supposons l'encliquetage dans la position x qui correspond à la marche avant : l'extrémité E du cliquet (ou chien) q, se mettant en prise avec la denture intérieure de la couronne-pignon entraîne celle-ci à la façon ordinaire.

Supposons maintenant le pédalier immobile ou marchant en arrière (position y), la couronne-pignon continuant à tourner par rapport à la roue intérieure qui porte les cliquets, la carre K de la dent D (position z) viendra rencontrer l'extrémité E du cliquet qu'elle fera basculer en avant, E venant se placer dans son logement L, tandis que le talon T du cliquet vient faire saillie dans l'encoche R. A son tour la carre K' de la dent suivante D' (position y) viendra rencontrer le talon T du chien q et fera basculer ce dernier en arrière, de telle façon que l'extrémité E fasse saillie dans l'encoche R'.

Le mouvement continuera ainsi indéfiniment, le cliquet q basculant alternativement en arrière et en avant autour de son axe A, au passage de chacune des dents D de la denture intérieure.

Il suffit, pour que le mouvement soit possible, que le cliquet q présente en B un dégagement assez grand pour ne pas heurter la carre postérieure k de la dent D, et que le talon T présente à la carre K une face convenablement inclinée.

Quand on voudra reprendre la marche avant (position y), la roue C tournant de gauche à droite, le talon T du chien Q viendra rencontrer la carre postérieure k de la dent D qui fera basculer Q. L'extrémité E du cliquet pénétrera dans l'encoche R et se mettra en prise avec la denture intérieure qu'elle entraînera.

Cette solution du problème de l'encliquetage est très satisfaisante au point de vue cinématique, car elle assure le fonctionnement de l'appareil sans employer de ressorts et sans faire intervenir la pesanteur ou la force centrifuge. Elle nous paraît originale.

On pourrait lui reprocher de faire exécuter aux cliquets Q un nombre très considérable d'oscillations susceptibles d'amener de l'usure, mais ces oscillations s'exécutant sous l'influence d'un effort insignifiant exercé sur l'axe A, l'usure est elle-même insignifiante.

L'emploi de l'encliquetage que nous venons de décrire se combine avec celui d'un frein à levier à double rouleau actionné par le pédalier au moyen d'un ruban en acier à ressort, lequel est articulé à son extrémité avec un crochet à charnière.

La figure 4 permet de comprendre facilement le fonctionnement de ce frein.

Le rayon de la roue à rochet ρ qui actionne le frein étant de 13 mm, soit environ le $1/12^e$ de la longueur de la manivelle (165 mm à 175 mm), l'effort exercé par le pied sur la pédale se trouve multiplié par 12 quand il est transmis au ruban, c'est-à-dire qu'une pression de 50 kg sur la pédale produira sur le ruban une traction de 600 kg. On obtiendra donc facilement sur le pneumatique une pression suffisante (¹).

____

(¹) On pourrait croire, le patin de frein étant muni de rouleaux en bois

Engrenage Li Sian.

On a également cherché à faire disparaître tous les inconvénients des encliquetages ordinaires à dents en employant certaines transmissions à friction qui rentrent dans la catégorie des engrenages à coin.

Dans la bicyclette Li Sian (fig. 5), l'axe pédalier porte une roue A dont la circonférence extérieure est tournée en forme de coin, de même que celle de la roue B portée par la roue motrice de la machine. Le mouvement de A est transmis à B par l'intermédiaire d'une roue C dont la couronne porte une gorge tronconique dans laquelle viennent se coincer les couronnes coniques de A et de B (fig. 6).

La roue C n'est pas, à proprement parler, fixée au cadre ; elle est simplement suspendue à ce dernier par l'intermédiaire d'un ressort.

Suivant l'acuité plus ou moins grande de l'angle commun au vide tronconique et aux pleins coniques des trois roues C, A et B, une pression médiocre sur les axes fera naître une très grande pression au contact, et par suite une adhérence (engrènement moléculaire) qui permettra à la roue A d'entraîner sûrement les roues C et B sans qu'on entende de bruit et sans qu'il se produise un temps mort sensible.

Ce qu'il y a de curieux dans la transmission Li Sian, c'est de voir, dès que l'on fait tourner la roue A, le frottement de A sur C soulever et soutenir la roue C qui se

---

complètement libres, que l'action retardatrice du frein se bornera au frottement de ces rouleaux sur leur axe, ce qui serait tout à fait insuffisant. Mais dans la pratique les deux rouleaux pénètrent plus ou moins profondément dans le pneumatique, et il se produit entre eux une sorte de *vague* du bandage dont le déplacement exige un travail assez considérable. En réalité, c'est ici la toile intérieure du bandage qui travaille, la surface extérieure étant presque complètement indemne de frottement au grand profit de sa conservation.

Le travail résistant intérieur du bandage est d'ailleurs assez considérable sous la très forte pression exercée par le frein, pour que l'on puisse bloquer la roue arrière même dans les pentes de 12 à 15 cm.

trouve ainsi amenée au contact de la roue B. Inversement, dès qu'on cesse de pédaler, A s'arrêtant, C retombe et la roue arrière devient libre.

L'engrenage à coin ainsi employé constitue donc un système automatique d'embrayage et de débrayage (¹) fort intéressant.

ENCLIQUETAGES A FROTTEMENT.

Les encliquetages à frottement présentent des dispositions très variables.

Les plus connus sont l'encliquetage *de Dobo* (fig. 7) et les encliquetages *à billes* (ou à rouleaux).

En examinant la figure 7, on voit que pour que l'encliquetage de Dobo fonctionne, il suffit que l'angle Omc soit plus petit que l'angle de frottement.

L'encliquetage *de Dobo* ne paraît pas avoir été employé pour les bicyclettes ; on lui a préféré l'encliquetage à billes (ou à rouleaux) qui est fondé sur le même principe (²).

La figure 9 représente cet encliquetage tel qu'il était employé dans un grand nombre de bicyclettes au dernier Salon du cycle.

Des billes B sont placées à l'intérieur de la couronne-pignon C et reposent dans des encoches E dont le fond est taillé en forme de rampe, de façon à former une sorte de roue à rochet C. Quand la roue à rochet C tourne dans un sens, elle entraîne la couronne dentée C' ; quand elle tourne dans l'autre sens, le débrayage se produit.

(¹) L'engrenage à coin est susceptible d'être appliqué avec succès aux automobiles pour organiser des changements de vitesse extrêmement simples. Son peu de volume permet de l'employer même sur les tricycles.

(²) On désigne très souvent cet encliquetage sous le nom d' « encliquetage d'Otto », du nom du constructeur qui l'a vulgarisé en l'employant dans le moteur atmosphérique à gaz tonnant d'Otto et Langen en 1867 (fig. 8). Il ne semble pas du reste qu'Otto soit l'inventeur de cet encliquetage, qui a été employé également par M. Millet dans son bicycle automobile et par la maison Crozet-Fourneyron dans un retour rapide de machine à raboter.

Encliquetage B. S. A.
(PL. II.)

On a reproché à cet encliquetage de la figure 9, comme aux encliquetages à dents, sinon de ne pas assurer la mise en prise, du moins d'avoir un temps mort assez sensible. On lui a reproché également d'imposer aux billes des efforts, dangereux pour elles-mêmes, et nuisibles aux chemins de roulement.

Dans l'encliquetage B. S. A. (fig. 10), on a remédié à ces inconvénients en remplaçant les billes par des rouleaux ou galets R, et en employant de petits ressorts à boudin qui maintiennent les rouleaux au contact et suppriment ainsi le temps mort.

Le pignon-encliquetage B. S. A. se monte sur la roue arrière de la bicyclette. Le frein, qui est ici indispensable, est indépendant de l'encliquetage, mais il est actionné au moyen d'un encliquetage semblable, disposé en sens contraire et agissant sur la bielle de commande β.

Ce frein, comme on le voit sur la figure 11, est un frein de jante. Il est donc très puissant.

Encliquetage Darracq.

On pourrait craindre dans l'encliquetage précédent que les rouleaux R, poussés par la tige t du ressort à boudin r, ne vinssent à s'obliquer, si l'exécution de l'appareil laissait à désirer. On a paré à cet inconvénient d'une façon fort ingénieuse en interposant entre le rouleau R et la tige t un bloc B (fig. 12) dont la surface extérieure, taillée en forme de segment annulaire, vient s'appliquer exactement sur la surface cylindrique intérieure de la couronne-pignon C′. Le bloc B se trouvant ainsi parfaitement guidé, ne pourra s'obliquer et il en sera de même du rouleau R qui est poussé par B de façon à rester toujours parallèle à l'axe de rotation.

C'est là une combinaison très simple et en même temps très satisfaisante.

Pignon-frein Trebert.

Nous avons vu qu'il était préférable de réunir l'encliquetage et le frein en un seul appareil.

C'est ce qui a été réalisé dans le moyeu Trebert (fig. 13).

Nous trouvons dans ce moyeu un encliquetage à billes semblable à l'encliquetage représenté par la figure 9, mais sans ressorts.

En outre, sur la face extérieure de la couronne-pignon C′ est taillé un autre encliquetage à billes jouant le rôle d'une noix à griffes obliques et agissant dans le sens perpendiculaire à celui de l'encliquetage précédent, c'est-à-dire suivant la direction de l'axe de rotation.

Un tambour de frottement T est vissé sur le moyeu avec lequel il tourne, et un plateau de frottement P qu'une jambe de force J empêche de participer au mouvement de rotation est interposé entre le tambour T et le plateau P. Ce dernier porte en outre une rainure dans laquelle courent les billes de l'encliquetage de droite.

Quand on contre-pédale, les plans inclinés formant noix à griffes obliques sur la face antérieure de la couronne-pignon C′ forcent les billes à s'écarter, appliquant par suite avec plus ou moins d'énergie le plateau frotteur P sur le tambour T. Ce dernier se trouve ainsi retardé dans son mouvement, ainsi que la roue motrice avec laquelle il fait corps.

Pignon-frein Lobin.

On trouve une disposition analogue dans le pignon-frein Lobin.

La figure 14, qui représente cet appareil, permet d'en comprendre facilement le fonctionnement.

La couronne-pignon C′ est montée folle sur le moyeu.

Elle porte sur chacune de ses faces un encliquetage analogue à l'encliquetage extérieur droit du pignon-frein Trebert, c'est-à-dire qu'elle est munie de chaque côté de rampes cunéiformes E, E_1 renfermant des billes B, B_1 qui jouent le rôle de cames. Ces rampes sont du reste tracées en sens inverse sur chaque face du pignon, de telle sorte que, si l'on pédale en avant, ce sont les billes de gauche B qui viennent se coincer dans la partie étroite des rampes entraînant ainsi la roue motrice, tandis que, quand on contre-pédale, l'encliquetage de gauche se débraye, laissant la roue motrice libre, en même temps que les billes B_1 de l'encliquetage de droite se coincent dans leurs rampes et font agir le frein exactement comme dans le pignon-frein Trebert.

Le pignon-frein Trebert et le pignon-frein Lobin présentent tous les deux cette particularité intéressante de pouvoir remplacer sans difficulté la plupart des pignons existants.

Pignon-frein J. S. G.

Les encliquetages à rouleaux, et surtout les encliquetages à billes, qui actionnent directement un frein présentent, au moins théoriquement, un inconvénient : ils font supporter aux rouleaux ou aux billes, ainsi qu'à leurs surfaces d'appui, des pressions très considérables par unité de surface. Ils peuvent, par suite, exposer les billes à se casser et les surfaces qu'elles compriment à se détériorer.

De là est née l'idée de n'employer les billes que comme intermédiaire indirect, donnant seulement au frein le signal d'entrer en action.

C'est dans cet ordre d'idées qu'est établi le pignon-frein J. S. G. (fig. 15).

C' est la couronne-pignon qui entraîne dans le sens ab, au moyen d'un encliquetage à billes, la couronne intérieure C. Celle-ci est vissée sur le moyeu M au moyen d'un filetage à droite. Un contre-écrou Q, dont le filetage est à gauche, maintient la couronne C.

C_1 est une deuxième couronne semblable à C, mais portant un encliquetage en sens inverse qui fonctionne quand on contre-pédale.

F est un plateau de frottement enfilé sur l'axe et portant à sa périphérie un pas-de-vis à droite. Une fourche à tetons empêche le plateau F de tourner ; elle permet en même temps de régler l'écartement de ce plateau par rapport au contre-écrou Q et de faire varier à volonté la quantité dont il faut pédaler en arrière pour actionner le frein.

R est une rondelle Belleville portée par F et pouvant être écrasée par l'épaulement e du contre-écrou Q.

Il est facile de voir que, lorsqu'on contre-pédalera, la couronne-pignon C′ entraînera, au moyen de l'encliquetage (de droite), la couronne intérieure C_1 dans son mouvement rétrograde.

Le plateau de frottement F, qui ne peut tourner, se vissera alors sur la couronne C_1 et se déplacera vers la gauche, amenant la rondelle R au contact de l'épaulement e qui l'écrasera progressivement, augmentant ainsi de plus en plus l'action retardatrice du plateau de frottement F.

On voit que les billes de l'encliquetage C_1 n'ont à exercer que l'effort tangentiel nécessaire pour visser le plateau F. Cet effort pourra, par suite, être aussi réduit qu'on le désire ; il suffira pour cela de réduire en conséquence le pas du filetage de F.

Tous les détails de cet appareil sont très simples et l'on peut remarquer en outre :

1° Que les encliquetages C et C_1, qui sont semblables (à part le sens où ils agissent), présentent des rampes droites et non pas courbes comme on les fait habituellement ;

2° Que ces encliquetages sont à billes et non à rouleaux.

Ces deux dispositions ont pour but de simplifier encore la construction de l'appareil. Nous croyons qu'elles sont sans inconvénient pour la couronne de droite C_1 qui n'a que des efforts insignifiants à supporter, mais il y aurait lieu de vérifier par l'usage qu'elles sont également sans inconvénient pour la couronne C.

La chose n'a du reste pas grande importance, car on peut, à volonté, employer des rouleaux à la place de billes, le constructeur n'ayant donné la préférence aux billes que pour plus de simplicité.

Moyeu-frein Morrow.

Il existe encore un autre appareil fort curieux analogue à ceux que nous venons de décrire, c'est le moyeu-frein Morrow.

Cet appareil est fondé à peu près sur le même principe que les pignons-freins Trebert et Lobin, c'est-à-dire qu'il emploie une surface de frottement enfilée sur l'axe de rotation et reliée au cadre de la machine par un bras qui l'empêche de tourner, mais pouvant légèrement osciller dans le sens transversal sous l'action du pignon fou de la roue arrière, qui peut à volonté l'appliquer plus ou moins énergiquement contre le moyeu.

Dans le cas du moyeu Morrow, la surface de frottement, au lieu d'être un simple plateau, comme dans les pignons-freins Trebert et Lobin, a la forme d'un tronc de cône qui peut s'enfoncer à volonté dans le moyeu. L'organe de commande se compose d'une noix à griffes obliques proprement dite (et non d'un encliquetage à billes) disposée sur la couronne-pignon et d'une noix cylindrique actionnée par la noix de la couronne-pignon.

Cet appareil d'origine américaine constitue une pièce mécanique extrêmement remarquable, aussi bien comme conception que comme-exécution, mais il est assez compliqué et sa description nous entraînerait dans de trop longs développements.

*
* *

Dans l'étude rapide qui précède nous n'avons pas eu la prétention de traiter à fond la question de la roue libre, ni même de désigner et de décrire les meilleurs modèles. Nous **avons** voulu seulement indiquer, parmi les systèmes que nous connaissions, ceux qui nous ont paru les plus intéressants, soit en raison de leur principe même, soit en raison des dispositions ingénieuses employées par les divers inventeurs.

Nancy, imprimerie Berger-Levrault et Cie.

C
Men

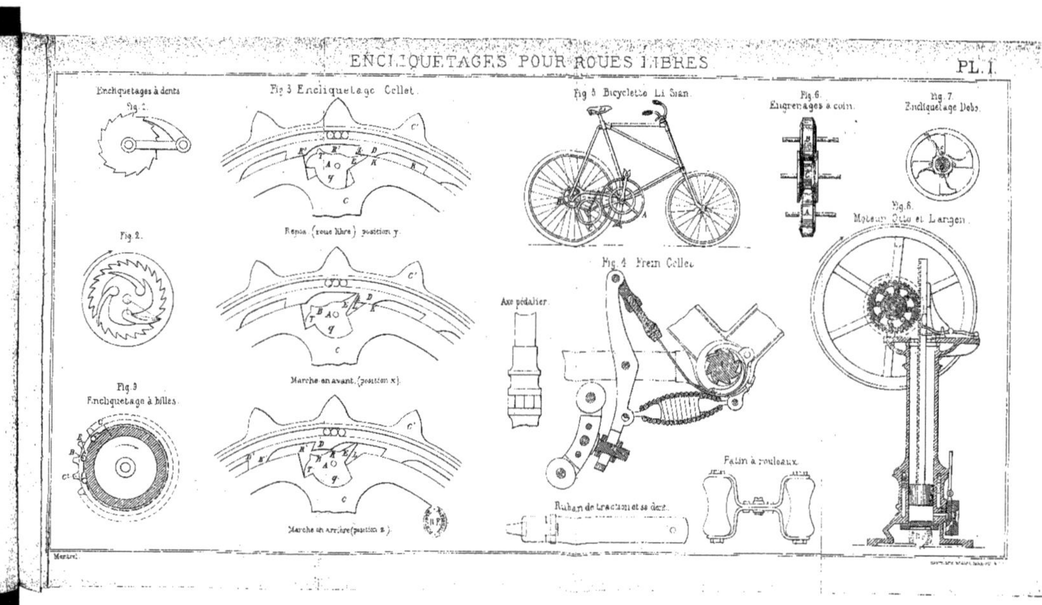

Enchiquetages à dents
Fig. 1.
Fig. 2.
Fig. 3
Enchiquetage à billes.
Fig 3 Encliquetage Collet.
Repos (roue libre) position y.
Marche en avant (position x).
Marche en arrière (position z).
Fig 5 Bicyclette Li Sian.
Fig. 4 Frein Collet.
Axe pédalier.
Ruban de traction et sa dent.
Patin à rouleaux.
Fig. 6.
Engrenages à coin.
Fig. 7.
Encliquetage Debs.
Fig. 8.
Moteur Otto et Langen.

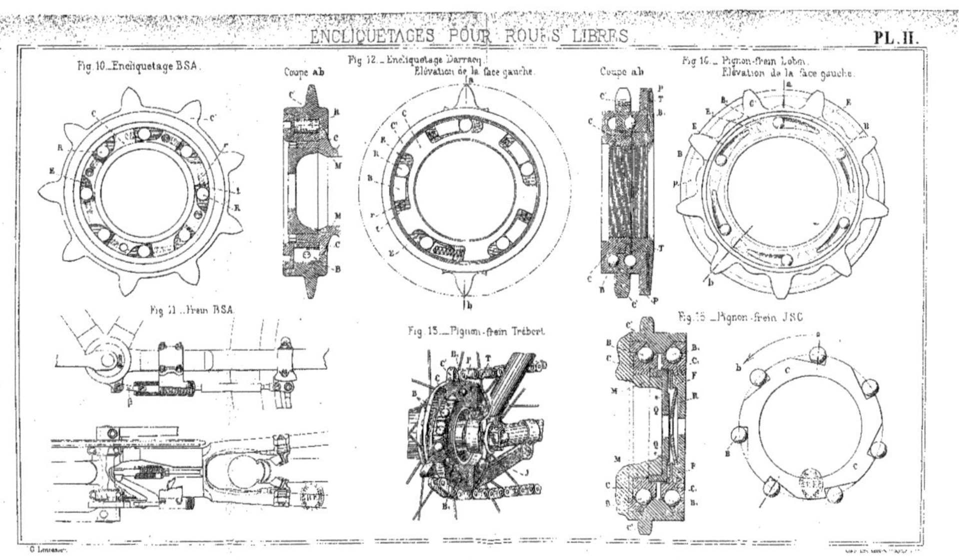
Fig 10._Encliquetage BSA.
Coupe ab
Fig 12._Encliquetage Darracq.
Elévation de la face gauche.
Coupe ab
Fig 16._Pignon-frein Lobon.
Elévation de la face gauche.
Fig 11._Frein BSA.
Fig 13._Pignon-frein Trébert.
Fig 15._Pignon-frein JSC
G. Lansseaux.

BICYCLETTES ET TANDEMS
A PÉTROLE

Le tricycle à pétrole ayant jadis obtenu partout droit de cité, même dans l'armée, puisqu'on l'a vu figurer avec succès dès 1899 aux grandes manœuvres d'automne dans la plupart des pays de l'Europe, on pouvait se demander pourquoi il n'en était pas de même de la bicyclette à moteur.

Le fait était d'autant plus singulier que le tricycle ordinaire, jadis assez employé, a été complètement délaissé pour la bicyclette. Celle-ci s'est en effet montrée supérieure (¹) aussi bien pour la piste que pour le tourisme et la course sur route.

Cette supériorité tient à cinq causes principales :

1° Emploi pour la bicyclette d'une voie unique, d'où facilité d'éviter les petits obstacles de la route ou les parties peu roulantes, et, accessoirement, surface opposée à l'air un peu moins grande ;

2° Simplicité plus grande des organes, d'où diminution sensible du frottement. Cette diminution est due surtout à l'absence de différentiel, et aussi au poids moins élevé de la bicyclette (²) ;

(¹) Cette supériorité n'est pas aussi grande qu'on pourrait le croire ; elle n'a même pas toujours existé. C'est ainsi qu'en 1892 les records français des 50 km étaient pour la bicyclette de 1ʰ 38′ (H. Fol à Longchamp) et pour le tricycle de 1ʰ 23′ 45″ (F. de Civry à Saint-James). A la même époque, les records des 6 heures étaient respectivement de 152 km pour la bicyclette (Echalié à Saint-James) et de 151ᵏᵐ,070 pour le tricycle (Dervil à Saint-James).

(²) Le fait d'avoir un plus grand nombre de roues, ce qui multiplie les frottements, n'est pas *à priori* une cause d'infériorité pour le tricycle, car le travail du frottement étant proportionnel au poids, le nombre de roues importe peu si le poids total reste le même. Dans la pratique, il n'en est pas tout à fait ainsi, car le tricycle est un peu plus lourd que la bicyclette, mais la différence n'est pas assez grande pour expliquer l'infériorité du tricycle.

3° Rigidité beaucoup plus grande de la bicyclette formée uniquement de deux roues et d'une poutre armée travaillant toutes les trois dans un même plan vertical, d'où absence à peu près complète de flexion et d'efforts latéraux, et diminution correspondante du travail et des pertes de force vive ;

4° Maniabilité plus grande de la bicyclette qu'on peut diriger par de simples déplacements d'assiette et par suite presque sans effort musculaire. Cet avantage est particulièrement sensible sur une piste où les virages sont toujours plus ou moins difficiles à prendre en tricycle ;

5° Sécurité supérieure à celle du tricycle, *en vitesse* ([1]).

Cette supériorité reconnue de la bicyclette a amené depuis longtemps les constructeurs à fabriquer des bicyclettes à moteur. Nous citerons en particulier la bicyclette allemande Hildebrand et Wolfmüller, qui date de 1893 environ et qui prit part en 1894 à la course Paris-Bordeaux.

Cette bicyclette, dont la construction fut un moment entreprise en France et qui réalisait une vitesse assez considérable pour l'époque, a presque complètement disparu aujourd'hui. On peut attribuer son insuccès aux dispositions mécaniques un peu trop primitives qu'elle présentait (ressort en caoutchouc pour franchir le point mort, etc.), ainsi qu'à son poids considérable qui dépassait 60 kg. D'autres essais ne furent guère plus heureux (bicyclette Millet, la première en date, 1890-92).

Le tricycle à pétrole, au contraire, ayant été dès le principe très bien étudié et remarquablement construit, donna

---

([1]) Il peut sembler paradoxal de prétendre que la bicyclette présente plus de sécurité que le tricycle ; cela est cependant parfaitement exact, au moins *en vitesse*. En effet, dès que l'on marche à une allure un peu vive, les virages en tricycle deviennent dangereux. En particulier, il est à peu près impossible de tourner à gauche sur une route bombée, tout en conservant sa droite conformément aux règlements de police. Le fait a été surabondamment démontré par de nombreux accidents.

de suite des résultats très satisfaisants et devint bientôt d'usage courant. A l'heure actuelle il a permis de réaliser sur route des vitesses moyennes qui dépassent 100 km à l'heure et son dernier mot n'est peut-être pas encore dit.

Ce genre de *motocycle* (¹) n'est cependant pas sans présenter des inconvénients assez sérieux :

Il est en effet très lourd, car son poids dépasse généralement 100 kg (²), en sorte que le moindre obstacle l'arrête ;

D'autre part, il est assez encombrant (voie de 0^m,90 à 1^m,10), ce qui le rend difficile à remiser, lui interdit les sentiers et ne lui permet guère de marcher que sur d'assez bonnes routes (³) ;

Enfin, il devient complètement inutilisable en cas de panne, car son poids et les résistances passives qu'il présente ne permettent pas au cycliste de le faire avancer sans l'aide du moteur.

En revanche, il a cette précieuse qualité de présenter encore une certaine stabilité sur un terrain gras, ce qui n'est pas le cas de la bicyclette, et d'être d'un apprentissage assez facile.

Il a, il est vrai, le défaut d'être passé de mode.

Alors que la pratique avait consacré l'usage du tricycle à pétrole, on se demandait déjà si un motocycle à deux roues (bicyclette, tandem ou autre) ne serait pas susceptible de donner les mêmes résultats, voire même des résultats meilleurs.

Toutes les causes qui font la supériorité reconnue de la

(¹) On désigne généralement sous le nom de *motocycles* les véhicules automobiles dont le poids ne dépasse pas 250 kg, tricycles, voiturettes Bollée, quadricycles et autres véhicules relativement légers.

(²) Dès les premières courses de *motocycles* où l'on a pesé les machines pour s'assurer que leur poids restait au-dessous du maximum fixé, on a constaté que pour les tricycles les plus légers ce poids dépassait 90 kg.

(³) On pourrait ajouter que le tricycle remonte généralement mal les rampes, si ce n'était là un défaut facile à corriger, car il résulte non pas de l'insuffisance du moteur, mais du développement trop grand de la machine ou de l'absence de changement de vitesse.

bicyclette ordinaire sur le tricycle subsistent en effet quand on adapte des moteurs à ces deux engins; elles semblent même s'accentuer.

Il semble d'ailleurs possible de construire des bicyclettes automobiles de poids modéré que le cycliste pourrait actionner au besoin sans recourir au moteur; enfin des motocycles d'entraînement à deux roues bien construits doivent, grâce à leur surface réduite et à l'appoint que les cyclistes peuvent donner au moteur, marcher plus vite que des tricycles ([1]).

On n'est point toutefois sans éprouver des difficultés assez sérieuses lorsqu'on essaie de placer sur une machine à deux roues un moteur relativement lourd et encombrant ([2]), et c'est là la raison qui a retardé si longtemps l'apparition du bicycle automobile pratique.

Il faut installer le moteur d'une façon rigide, l'empêcher de faire vibrer la machine, organiser une transmission donnant un bon rendement et cela tout en conservant à la machine un équilibre convenable.

Il faut en outre respecter autant que possible la forme actuelle du cadre que la théorie et la pratique s'accordent à trouver satisfaisante.

Emplacement du moteur.

Moteur à l'avant. — En plaçant le moteur à l'avant sur la roue directrice, on rend celle-ci motrice, ce qui

---

([1]) Les tricycles à moteur ont longtemps donné des vitesses supérieures à celles des bicyclettes ou des tandems, mais leur supériorité a disparu quand on a placé sur ces dernières machines des moteurs aussi puissants que sur les tricycles.

([2]) Un moteur de Dion de 1 cheval 3/4 avec ses accessoires (pile, accumulateur, carburateur) pèse environ 35 kg, et, de plus, il exige un cadre très robuste, soit au total une augmentation de poids d'une cinquantaine de kg *pour un tandem.*

à priori peut paraître avantageux pour empêcher le dérapage, les tête-à-queue, etc., mais, dans la pratique, on se heurte alors aux inconvénients suivants :

1° On surcharge la direction qui devient à la fois plus dure et moins sûre (voir à ce sujet Bourlet, *Nouveau traité des bicycles et bicyclettes,* tome I, p. 80). Tous les cyclistes savent du reste pratiquement combien une machine devient fatigante et difficile à diriger quand on a mis sur le guidon un paquetage un peu lourd et combien elle dérape alors facilement en terrain gras. Or, il s'agit ici d'une surcharge d'une douzaine de kilos au minimum;

2° L'avant de la machine est une partie faible qui devra être considérablement renforcée, sans compter qu'il sera toujours peu aisé d'installer le moteur dans cette position d'une façon rigide et d'éviter des vibrations très préjudiciables à un bon rendement ;

3° Quand le cycliste voudra joindre son action à celle du moteur, la machine se trouvera actionnée par deux moteurs complètement indépendants l'un de l'autre et la direction deviendra très difficile.

Ajoutons enfin que le moteur placé sur la roue avant n'utilisera qu'une portion trop faible du poids total, de telle sorte que le poids adhérent risquera d'être parfois insuffisant.

Moteur à l'arrière. — En plaçant le moteur en arrière de la roue arrière, on se heurte à des inconvénients du même ordre :

1° La direction sera encore médiocre, mais, cette fois, parce que la roue directrice ne sera plus assez chargée. La machine pourra même être susceptible de se cabrer tout en restant très sensible au dérapage ;

2° Le moteur sera toujours installé sur une partie relativement peu rigide de la machine, il vibrera et la transmission se fera mal.

En revanche, l'adhérence sera bien utilisée.

Moteur dans le cadre. — En plaçant au contraire le moteur dans le cadre :

1° On ne modifie pas l'équilibre et la répartition du poids de la machine, de sorte que la direction reste satisfaisante ;

2° Il devient possible de fixer le moteur à la partie la plus rigide de la machine, d'où suppression des flexions et des vibrations ainsi que des pertes de travail qui en résultent. Il devient également possible de combiner convenablement l'effort du moteur et celui du cycliste.

La difficulté est d'arriver à placer le moteur entre les jambes du cavalier, tout en n'employant pas une ligne de chaîne exagérée, et c'est cette difficulté qui a amené beaucoup de constructeurs à placer le moteur soit à l'avant, soit à l'arrière.

En résumé, on peut dire que la solution qui consiste à placer le moteur dans le cadre est la seule qui soit rationnellement satisfaisante.

Transmission.

Une autre question des plus importantes est celle de la transmission employée pour relier le moteur à la roue motrice.

La plupart des constructeurs se servent à cet effet de courroies, de façon à ménager à la fois le moteur et le cadre ; mais les inconvénients des courroies, déjà très sérieux dans les voitures automobiles, peuvent devenir intolérables sur une bicyclette, quand ces courroies se réduisent à de simples lanières de cuir exposées aux intempéries, et qu'il faut être constamment occupé à raccourcir ou à réparer.

Il faut se servir de courroies *spéciales* (triangulaires, en cuir tordu, etc.) ou les remplacer par des chaînes, non point par des chaînes de bicyclettes, incapables de résister aux à-coups du moteur, mais par de solides chaînes de machines multiples. Il faut d'ailleurs en même temps renforcer l'axe moteur, qui n'a plus affaire à un organe de transmission élastique.

On peut encore, pour la transmission, avoir recours à l'emploi de pignons d'angle, mais on complique alors la construction de la machine sans réaliser peut-être d'avantages bien sérieux.

Moteur.

Quant au moteur employé, il est presque toujours du type bien connu du moteur de Dion à ailettes, avec le carburateur à injection ou à niveau constant.

Ce moteur n'a du reste pas besoin d'une puissance considérable : l'ancien type de 1 cheval ou 1 cheval 1/4 paraît très suffisant pour actionner une bicyclette de route ([1]).

Types divers de bicyclettes à moteur.

Nous donnons ci-après quelques croquis représentant les principaux types de bicyclettes automobiles ayant réellement fonctionné.

La figure 1 représente une bicyclette avec moteur sur la roue avant ([2]), dont la construction remonte déjà à plusieurs années.

Cette machine, qui pèse $38^{kg},5$ ([3]), a donné sur route une vitesse moyenne de plus de $43^{km},5$ pendant plusieurs heures de suite. Elle a pu monter, sans le secours du cycliste, la rampe de Gaillon dont une partie présente une inclinaison de 9 p. 100.

La transmission se fait dans cette machine au moyen

([1]) Voir à ce sujet Bourlet, *Nouveau traité des bicycles et bicyclettes* t. II, p. 98 et 174. Travail dépensé en bicyclette.

([2]) Dans cette figure, comme dans les trois suivantes, les lettres *A, B, C* désignent respectivement l'*accumulateur*, la *bobine*, le *carburateur*.

([3]) Une machine du même type plus légère (33 kg) a fait sur route 100 km à la vitesse moyenne de $34^{km},3$.

d'une lanière en cuir qui relie une poulie calée sur l'arbre

Fig. 1.

du moteur à une grande poulie faisant corps avec la roue avant.

La figure 2 représente une machine avec moteur placé
en arrière de la roue arrière.

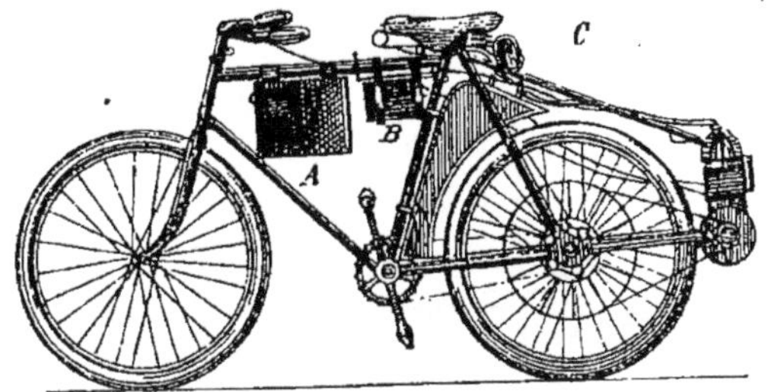

Fig. 2.

Cette machine, d'un type au premier abord singulier, a
réalisé des vitesses analogues à celles de la précédente.
Elle a pu également monter une rampe de 9 p. 100.

La transmission se fait ici encore au moyen d'une lanière en cuir allant de l'axe du moteur à une poulie calée
sur la roue arrière.

Le poids de la machine est de $38^{kg},5$.

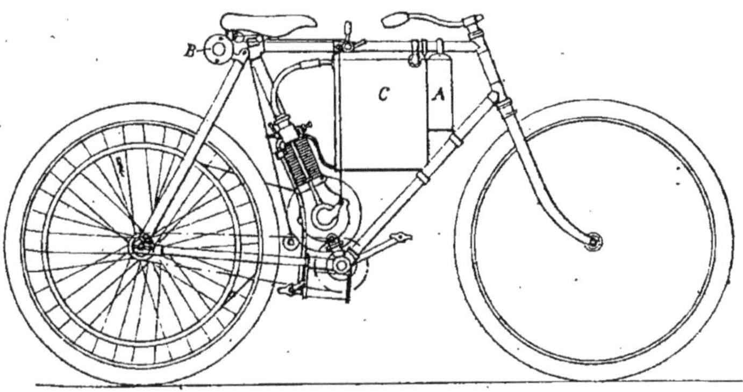

Fig. 3.

La figure 3 représente une bicyclette avec moteur placé
dans le cadre, disposition qui paraît la plus satisfaisante
au point de vue mécanique.

La forme du cadre s'éloigne peu de la forme classique.

La partie centrale a dû être toutefois un peu allongée pour éviter le contact entre les genoux du cavalier et le moteur.

La transmission se fait avec une lanière en cuir comme dans les machines précédentes.

Une bicyclette de ce type, du poids de 38 kg, a couvert, en course sur route, 100 km en $2^h 17' 11''$, soit $43^{km},8$ à l'heure.

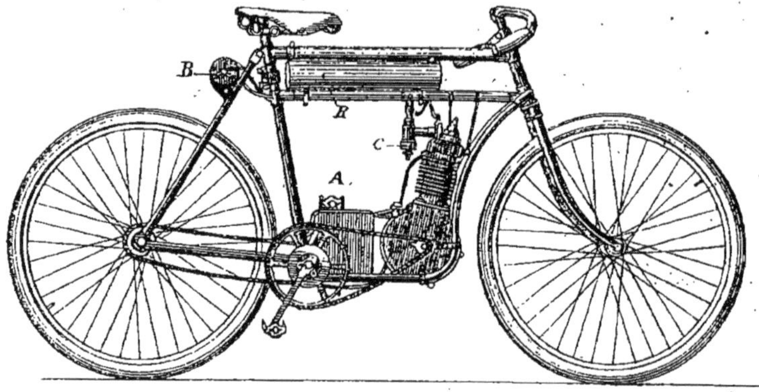

Fig. 4.

La bicyclette représentée par la figure 4 présente, comme disposition générale, une assez grande analogie avec la bicyclette de la figure 3. On remarquera toutefois que la transmission du mouvement se fait exclusivement au moyen de *chaînes*, ce qui met le cycliste à l'abri de tous les inconvénients causés par l'emploi d'une lanière en cuir.

Les machines dont nous venons de parler sont actionnées par des moteurs pesant de 10 à 12 kg, d'une force *nominale* de 1 cheval 1/4 à 1 cheval 1/2. Toutes sont munies d'un encliquetage qui permet au cycliste de débrayer à volonté le pédalier et de laisser le moteur agir seul (¹).

La mise en marche se fait pour toutes ces machines

____

(¹) On voit que toutes ces machines sont du type dit *à roue libre*. Il en résulte qu'elles ne peuvent se passer d'un frein puissant disposé de préférence sur la roue arrière.

comme dans le tricycle de Dion, en agissant pendant trois
ou quatre tours sur les pédales qui entraînent le moteur.

Tandems à moteur.

La difficulté de fixer un moteur sur un cadre de bicyclette a amené à construire des tandems à pétrole bien
avant que l'on eût obtenu des bicyclettes automobiles marchant convenablement. On dispose en effet sur un tandem
d'une place beaucoup plus considérable et l'on peut, en
outre, employer un moteur beaucoup plus puissant.

Il y a toutefois ici un écueil à éviter : c'est l'allongement
exagéré du cadre, qui rendrait la machine difficile à diriger. On peut parer facilement à cet inconvénient en em-

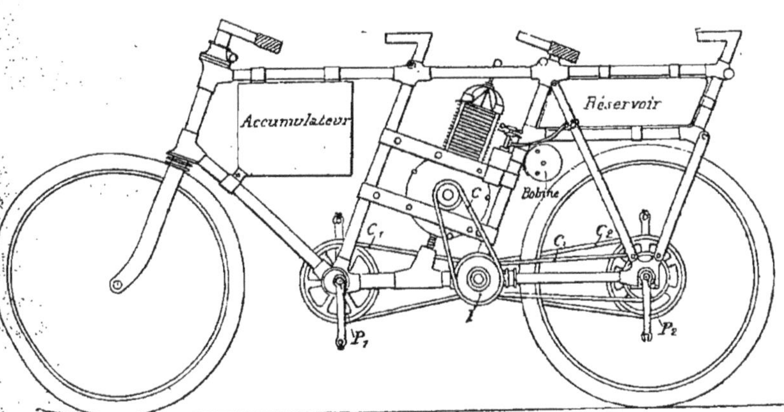

Fig. 5.

ployant la disposition indiquée sur la figure 5. Cette disposition consiste à placer le moteur à l'endroit où se trouve
d'ordinaire le deuxième cavalier, dont on rejette la selle
en arrière de la roue motrice (dispositif dit *en tape-cul*).

Le moteur est alors facile à fixer dans l'intérieur du
cadre au moyen de brides qui le rendent absolument solidaire de ce dernier, tout en laissant le démontage facile et
en conservant la possibilité de faire subir au moteur, dans

l'intérieur de sa cage, les légers déplacements nécessaires au réglage de la chaîne.

Quant à la transmission, elle se fait de la façon suivante :

Le moteur, le cavalier avant et le cavalier arrière actionnent, au moyen des chaînes C, C_1 et C_2, l'arbre intermédiaire I, et celui-ci, au moyen de la chaîne C_3, entraîne la roue motrice.

Il est à remarquer qu'avec cette disposition il est facile de régler les chaînes C et C_1 en déplaçant le moteur ou l'excentrique du pédalier avant P_1 ; mais pour les chaînes C_2 et C_3 qui, avec le montage ordinaire, embrassent des pignons montés sur les mêmes axes, la chose est plus difficile. On y arrive cependant au moyen d'un artifice qui consiste à monter le pédalier P_2 du cavalier arrière, non pas au centre de la roue motrice, mais sur un excentrique permettant de faire varier sa position à l'intérieur du moyeu arrière.

Des machines de ce genre, qui pèsent environ 70 kg avec moteurs de 2 chevaux 1/2, ont été souvent employées à l'entraînement sur piste, surtout à l'étranger. Elles permettent d'obtenir des vitesses supérieures à 70 km lorsque les tandemistes joignent leur effort à celui du moteur.

Ces machines ont été construites uniquement en vue des courses, mais, convenablement modifiées, elles seraient peut-être susceptibles d'être utilisées dans l'armée concurremment avec les tricycles. Elles permettraient en effet plus facilement que ces derniers de circuler dans des chemins très étroits ou en mauvais état.

En chargeant de la conduite de la machine et du moteur un cycliste exercé, capable d'exécuter au besoin les réparations nécessaires, on pourrait ainsi faire exécuter à un officier en mission des parcours journaliers de plus de 200 km sans fatigue exagérée.

L'INVENTION DE LA LOCOMOTION
AUTOMOBILE

Le Congrès automobile de l'Exposition universelle a rappelé l'attention sur les précurseurs de la locomotion automobile, et il résulte de documents absolument probants présentés à ce congrès que le véritable inventeur de ce mode de locomotion est bien, comme on le croyait, l'ingénieur français Cugnot.

C'est en effet Cugnot qui construisit en 1770 le premier véhicule automobile à vapeur marchant sur route, de même que c'est un autre Français, Lenoir, l'inventeur de la machine à gaz, qui en 1862 fit le premier circuler sur route une voiture à pétrole.

On savait bien depuis longtemps que la voiture à vapeur de Cugnot[1] avait été construite vers 1770 sur l'ordre du duc de Choiseul, alors Ministre de la guerre. On racontait même qu'elle avait été essayée à l'arsenal de Paris et que, mal dirigée ou fonctionnant mal, elle avait renversé un mur pendant le cours des expériences, mais c'étaient là à peu près les seuls renseignements que l'on possédât sur ce sujet. Le fardier de Cugnot avait-il été l'objet d'essais ultérieurs? Quels étaient les motifs qui avaient fait renoncer à son emploi? On l'ignorait.

La tentative de Cugnot n'avait cependant pas été sans faire quelque bruit en son temps, car on lit ce qui suit

---

[1] Cette voiture est conservée depuis 1801 dans les collections du *Conservatoire des Arts et Métiers*, où on peut encore la voir à l'heure actuelle.

dans les *Mémoires* de Grimm (tome II, page 182, édition 1830, chez Le Rouge-Wolff) :

« Peu de temps avant la disgrâce et l'exil de M. de « Choiseul, on avait fait en sa présence et sous l'inspec- « tion de M. de Gribeauval, lieutenant général, plusieurs « expériences d'une machine à feu adaptée à un chariot « pour le transport de l'artillerie avec une rapidité ex- « traordinaire. Les expériences avaient complètement « réussi ; mais M. de Choiseul fut exilé. Les opérations « de l'abbé Terray épuisèrent les recettes et même le « crédit... »

La question paraît du reste facile à résoudre, car il existe aux archives de la Section technique de l'artillerie un dossier assez complet concernant la voiture à vapeur de Cugnot, et ce dossier comprend en particulier un très curieux mémoire du général Gribeauval, mémoire dont le Ministre de la guerre a bien voulu autoriser la communication au Congrès automobile.

Ce sont ces documents authentiques dont nous allons reproduire les parties les plus intéressantes (1).

Nous trouvons l'exposé complet des faits dans un rapport de M. L.-N. Rolland, Commissaire général de l'artillerie et Ordonnateur des guerres, en date du 4 pluviôse an VIII (14 janvier 1800).

---

(1) La plupart de ces documents ont déjà été publiés en 1851 dans les *Comptes rendus de l'Académie des sciences*, par le général Morin, qui, en sa qualité d'artilleur, avait pu en prendre connaissance aux Archives du Dépôt de l'artillerie, mais à cette époque il n'était pas question de locomotion automobile sur route, et la communication faite à l'Académie n'attira guère l'attention. Le général Morin revendiquait bien pour Cugnot la priorité de l'application de la vapeur à la locomotion, mais il ne songeait naturellement pas aux automobiles, et ce qu'il voulait seulement montrer, c'est que les recherches de Cugnot étaient antérieures à celles des inventeurs de la locomotion sur rails.

« A l'Arsenal le 4 Pluviôse de l'an 8 de la République
« française, une et indivisible.

« L.-N. *Rolland, Commissaire Général de l'Artillerie*
« *et Ordonnateur des Guerres.*

Au Ministre de la Guerre.

« Citoien Ministre,

« En 1769 (v. s.) un officier suisse, nommé Planta, proposa au
« Ministre Choiseul plusieurs inventions, lesquelles, en cas de réus-
« site, promettaiént beaucoup d'utilité.

« Parmi ces inventions il s'agissait d'une voiture mue par l'effet
« de la vapeur de l'eau produite par le feu.

« Le général Gribeauval, ayant été appellé pour examiner le pros-
« pectus de cette invention, et ayant reconnu qu'un nommé Cugnot,
« ancien Ingénieur chez l'étranger, et auteur de l'ouvrage intitulé :
« *Fortiffication de Campagne,* s'occupait alors d'exécuter à Paris
« une invention semblable, détermina l'officier suisse Planta à en
« faire lui-même l'examen.

« Cet officier l'ayant trouvée, de tous points, préférable à la sienne,
« le Ministre Choiseul autorisa l'Ingénieur Cugnot d'exécuter, aux
« frais de l'État, celle par lui commencée en petit.

« Mise en expérience en présence de ce Ministre, du Général
« Gribeauval et en celle de beaucoup d'autres spectateurs, et chargée
« de quatre personnes, elle marchait horizontalement, et j'ai vérifié
« qu'elle aurait parcouru environ 1 800 à 2 000 toises par heure, si
« elle n'eût pas éprouvé d'interruption.

« Mais la capacité de la chaudière n'ayant pas été assez juste-
« ment proportionnée, avec assez de précision, à celle des pompes,
« elle ne pouvait marcher, de suite, que pendant la durée de 12 à
« 15 minuttes seulement, et il fallait la laisser reposer à peu près
« la même durée de tems afin que la vapeur de l'eau reprît sa pre-
« mière force ; le four étant d'ailleurs mal fait, laissait échapper la
« chaleur ; la chaudière paraissait aussi trop faible pour soutenir,
« dans tous les cas, l'effet de la vapeur.

« Cette épreuve ayant fait juger que la machine exécutée en grand
« pourrait réussir, l'ingénieur Cugnot eut ordre d'en faire construire
« une nouvelle, qui fût proportionnée de manière à ce que, chargée
« d'un poids de 8 à 10 milliers, son mouvement pût être continu
« pour cheminer à raison d'environ 1 800 toises par heure.

« Elle a été exécutée vers la fin de 1770(¹) [v. s.] et payée à peu
« près vingt mille livres.

« On attendait les ordres du Ministre Choiseul pour en faire l'es-
« sai et pour continuer ou abandonner toutes recherches sur cette
« nouvelle invention, mais ce Ministre ayant été exilé peu après, la
« voiture est restée là et dans un couvert de l'Arsenal.

« Pendant la durée de la Terreur, un Comité Révolutionnaire vou-
« lut s'emparer de cette voiture pour en faire de la ferraille ; je
« chassai de l'Arsenal ce Comité, et la voiture y a été conservée.

« Au retour ici du Général Bonaparte, venant de conclure son
« traité de paix, je lui parlai de cette voiture ; se proposant de la
« voir, il envoya le Citoien Perrier, de l'Institut, pour en faire l'exa-
« men, après lequel il me dit qu'en ajoutant peu à son mécanisme,
« on en tirerait une très grande puissance horizontale.

« Alors, comme il y avait quelques légères réparations à y faire,
« le Citoien Brézin, fils de celui qui l'a exécutée, se chargea, et se
« charge encore de les faire gratuitement, la considérant comme
« chef-d'œuvre de forge de son père.

« En même temps, j'avais prévenu le Citoien Molard, gardien du
« Musée des Arts, que, lors de l'épreuve de cette voiture, on y appel-
« lerait tous les artistes instruits afin de recueillir leurs idées.

« Le Général Bonaparte étant parti pour l'Égypte, l'expérience n'a
« pas eu lieu.

« Le Directeur actuel de l'Arsenal, croyant sans doute que cette
« voiture était une machine de son ressort, paraît avoir provoqué un
« ordre du Ministre Dubois de Crancé pour la remettre au déposi-
« taire du Musée des Arts qui la faisait démonter hier, lorsque je
« m'y suis opposé jusqu'à nouvel ordre de vous.

« Avant de l'envoyer dans cette espèce de Purgatoire, où elle pou-
« vait être perdue de vue à jamais, il paraît convenable de constater,
« en présence de sçavants, l'utilité dont elle peut être maintenant,
« et celle qu'il serait possible d'y ajouter.

« Pour en faire l'essai, on avait décidé, dans le tems, de choisir
« un chemin fait et des rampes douces, afin de pouvoir plus facile-
« ment monter et descendre, et pour former en même temps à sa
« manœuvre le conducteur, avant de se hazarder dans les chemins
« ordinaires.

« Cet essai, qu'on peut faire à l'Arsenal, sera peu coûteux si on
« veut l'exécuter, puisque, pour cela, il ne s'agira que du bois pour
« son chauffage et du salaire de quelques ouvriers.

---

(1) Mais non terminée cette année, comme le montre la lettre du général
Gribeauval, que nous reproduisons plus loin.

« Si vous pensez ainsi, Citoien Ministre, je vous serai obligé d'in-
« viter le Directeur de l'Arsenal à différer, jusqu'à nouvel ordre,
« l'exécution de celui qu'il a reçu de votre prédécesseur, touchant
« cette voiture.

« Salut et Respect.

« Signé : L. N. ROLLAND. »

Le rapport de M. Rolland est d'autant plus intéressant
que ce fonctionnaire avait été, comme il le rappelle, té-
moin oculaire des expériences de Cugnot. Ses assertions
sont du reste confirmées par les lettres suivantes (¹) adres-
sées par le général Gribeauval à M. de Chateaufer, directeur de l'artillerie à Strasbourg, et à M. Bietrix, commissionnaire général aux transports à Paris.

Fonderie de Strasbourg.

Le 23 avril 1770.
Pompes à faire pour la voiture du Sr Cugnot:

M. de Chateaufer, Dr de l'art^{ie}
à Strasbourg.

« Il est nécessaire, Monsieur, qu'aussitôt que ma lettre vous sera
« parvenue, vous fassiez exécuter à la fonderie de Strasbourg deux
« pompes de 14 pouces de longueur intérieure, et de 12 pouces de
« diamètre aussi intérieur, avec deux têtes de piston de 12 pouces
« de diamètre et de 4 lignes d'épaisseur (²), le tout conformément au
« dessin que vous trouverez ci-joint. Lorsque ces pompes et ces pis-
« tons seront prêts, vous les remettrez au commissionnaire du
« Sr Bietrix, pour les faire passer sans perte de tems au Sr Mazu-
« rier, garde-magasin d'artillerie à l'Arsenal de Paris.

« Je suis..... »

M. Bietrix, Com^{re} général aux transports de l'art^{ie}
à Paris.

« Je vous préviens, Monsieur, que je charge M. de Chateaufer,
« Dr de l'art^{ie} à Strasbourg, de faire remettre à votre correspon-
« dant dans cette place deux pompes et deux pistons pour être
« transportés à Paris. Vous prendrez des mesures pour les y faire

---

(1) Les minutes de ces deux pièces existent aux Archives de la Section
technique de l'artillerie.

(2) Les dimensions indiquées dans cette lettre sont en effet celles des
cylindres de la machine de Cugnot, telle qu'elle existe encore actuellement

« passer le plus promptement qu'il sera possible et vous les ferez
« remettre au Sr Mazurier garde-magasin d'art^{ie} à l'Arsenal de Paris.
 « Je suis..... »

Conformément aux instructions du ministre Choiseul et aux ordres du général Gribeauval, la machine fut exécutée et payée, et le 2 juillet 1771, le général rendait compte au ministre de la guerre d'alors, le marquis de Monteynard, qu'elle était prête à être essayée.

Projet.
—
Voiture à feu de M. Cugnot.   *A Paris, le 2 juillet 1771.*

   « Monsieur le Marquis,

 « J'ai l'honneur de vous adresser un mémoire pour vous rendre
« compte de l'état de la voiture à feu de M. Cugnot dont j'ai eu
« celui de vous parler (*sic*). Cette voiture est à l'Arsenal de Paris ;
« il suffira d'avertir l'inventeur huit jours d'avance quand il vous
« plaira d'en ordonner l'épreuve.
 « Je suis avec respect,
   « Monsieur le Marquis,
    « Votre très humble et très
     « obéissant serviteur.
      « *Signé* : GRIBEAUVAL. »

 En note. Répondu le 7. Je n'espère pas avoir le temps d'en faire l'épreuve avant le voyage de Compiègne.

A cette lettre était joint le mémoire suivant :

VOITURE MUE PAR LE FEU.

 « Mr de Planta, Suisse, est venu il y a environ deux ans proposer
« à M. le duc de Choiseul diverses inventions qui dans le cas de
« réussite promettaient beaucoup d'utilités. Parmi ces inventions il
« s'agissait d'une voiture mue par le feu. Aiant été appellé pour en
« examiner le Projet, j'ai produit M. de Cugnot, ancien Ingénieur
« de l'Empereur, qui avant la guerre dernière avait eu les mêmes
« idées et qu'il avait commencé à exécuter. M. de Planta le trouvant
« plus avancé que lui s'est retiré et M. Cugnot a eu ordre de M. le
« duc de Choiseul d'exécuter en petit sa machine et aux frais du Roi.

Projet
voiture à feu de M.
Cugnot

à Paris le 2 juillet 1771

Monsieur le Marquis

M. de Champbourin

Répondu le 6. j'en l'épreuve que avoir le temps d'en faire l'épreuve
avant le voyage de Compiegne

J'ai l'honneur de vous adresser un mémoire
pour vous rendre compte de l'état de la voiture
à feu de M. Cugnot dont j'ai eu celui
de vous parler. Cette Voiture est à
l'Arsenal de Paris ; Il Suffira d'avertir
l'inventeur, huit jours d'avance quand il
vous plaira d'en ordonner l'épreuve.

J'Suis avec respect

Monsieur le Marquis

Votre très humble et très
obeissant Serviteur. /

gribeauval

M. le Mis de Montynard

N° 7

1771, – 2 Juillet

Voiture mue par le Feu

Mr de Planta Suisse est venu il y a environ deux ans proposer à M. le Duc de Choiseul diverses inventions qui dans le cas de réussite promettoient beaucoup d'utilités. Parmi ces inventions il s'agissoit d'une Voiture mue par le Feu. Ayant été appellé pour en examiner le Projet j'ai produit M. de Cugnot ancien Ingénieur de l'Empereur qui avoit la guerre dernière aussi eu les mêmes idées et qu'il avoit commencé à exécuter. M. de Planta se trouvant plus avancé que lui s'est retiré et M. Cugnot a eu ordre de M. le Duc de Choiseul d'exécuter en petit sa machine et aux frais du Roi. Cette Voiture a marché l'année dernière en présence de M. de Choiseul, Elle portoit quatre personnes et marchoit à raison de 1800 à 2000 toises par heure, mais la grandeur de la Chaudière n'étant point proportionnée à celle des Pompes elle ne marchoit que pendant 12 à 15 minutes et il falloit la laisser reposer autant de tems pour que la Vapeur de l'eau reprit sa première force; le foyer étoit mal fait et laissoit dissiper la chaleur; la Chaudière paroissoit aussi trop foible pour soutenir dans tous les cas l'effort de la Vapeur.

Cette épreuve fit juger que la Voiture exécutée en grand et mieux proportionnée pourroit réussir, M. de Cugnot eut ordre d'en faire construire une nouvelle qui fut proportionnée autant que faire se pourroit pour porter une charge de 8 à 10 milliers

et dont le mouvement peut être continué a raison d'environ
1800 tours par heure ; Elle est executée et payée ; On attend
les ordres du Ministre pour en faire l'essai et pour continuer
ou abbandonner les recherches sur cette nouvelle invention ; Il
s'agiroit pour cela d'ordonner les petits fonds necessaires pour
le transport de cette machine, pour l'achat du bois et le
journées de deux Ouvriers.

On avoit projetté de faire cet essai dans le Parc de
Meudon près de l'avenue de Versailles, par ce qu'il faut un
Chemin fait et des rampes douces pour monter et descendre
et pour former le Conducteur avant de s'hazarder dans
les grands chemins ordinaires. Au Surplus cette porte du
Parc étant fermée on seroit débarassé de la foule des
Spectateurs. /

Par M. de Libeauwal.
Voyez la lettre annexée du 8 Juillet 1771.

« Cette voiture a marché l'année dernière (1) en présence de M. de
« Choiseul. Elle portait quatre personnes et marchait à raison de
« 1 800 à 2 000 *toises* par heure, mais la grandeur de la chaudière
« n'étant point proportionnée à celle des pompes, elle ne marchait
« que pendant 12 à 15 minutes et il fallait la laisser reposer autant
« de tems pour que la vapeur de l'eau reprît sa première force. Le
« foïer était mal fait et laissait dissiper la chaleur. La chaudière
« paroissait aussi trop faible pour soutenir dans tous les cas l'effort
« de la vapeur.

« Cette épreuve fit juger que la voiture exécutée en grand et mieux
« proportionnée pourrait réussir. M. de Cugnot eut ordre d'en faire
« construire une nouvelle qui fut proportionnée autant que faire se
« pourait pour porter une charge de 8 à 10 milliers et dont le mou-
« vement put être continu à raison d'environ 1 800 toises par heure.
« Elle est exécutée et paiée ; on attend les ordres du Ministre pour
« en faire l'essai et pour continuer ou abbandonner les recherches sur
« cette nouvelle invention ; il s'agirait pour cela d'ordonner les petits
« fonds nécessaires pour le transport de cette machine, pour l'achat
« du bois et les journées de deux ouvriers.

« On avait projetté de faire cet essai dans le Parc de Meudon près
« de l'avenue de Versailles, parce qu'il faut un chemin fait et des
« rampes douces pour monter et descendre et pour former le con-
« ducteur avant de se hazarder dans les grands chemins ordinaires.
« Au surplus cette porte du Parc étant fermée on serait débarrassé
« de la foule des spectateurs. »

Nous avons fait reproduire en fac-similé par la photo-
graphie les minutes de ces deux pièces, qui présentent
un grand intérêt en raison de la personnalité même de
leur auteur, et qui nous semblent en outre tout à fait dé-
cisives, car elles prouvent que le général a assisté lui-
même aux essais.

La deuxième voiture de Cugnot, celle qui existe encore
au Conservatoire des Arts et Métiers, fut-elle essayée au
moment de sa construction, comme le demandait le général Gribeauval ? Il semble bien qu'il n'en fut rien et

---

(1) C'est-à-dire en 1770 et non en 1769, comme on l'a écrit souvent, notamment M. Lockert dans l'ouvrage très intéressant et très documenté :
Les voitures à vapeur. Paris. 1896, p. 32.

cela probablement à cause de la chute du ministère Choiseul (¹).

M. Figuier, dans son ouvrage sur les *Principales découvertes scientifiques modernes* (²), essaie bien de démontrer le contraire en s'appuyant sur le passage suivant des *Mémoires secrets* de Bachaumont (³) :

« 20 novembre (1770). On a parlé, il y a quelque « temps, d'une machine à feu pour le transport des voi- « tures et surtout de l'artillerie, dont M. de Gribeauval, « officier en cette partie, avait fait faire des expériences, « qu'on a perfectionnée depuis, au point que mardi der- « nier la même machine a traîné dans l'arsenal une masse « de cinq milliers, servant de socle à un canon de 48 du « même poids, et a parcouru en une heure cinq quarts « de lieue. La même machine doit monter sur les hau- « teurs les plus escarpées et surmonter tous les obstacles « de l'inégalité des terrains ou de leur affaissement. »

Il est assez difficile de savoir à quelles expériences se rapporte au juste le récit de Bachaumont ; mais ce qui semble certain c'est qu'il ne s'agit pas ici de la deuxième voiture de Cugnot, puisque c'est seulement le 2 juillet 1771 que le général Gribeauval rend compte de l'achèvement de cette dernière voiture, en ajoutant que « *l'on* « *attend les ordres du Ministre pour en faire l'essai* » et en faisant des propositions dans ce sens.

On ne peut évidemment admettre un seul instant que Gribeauval n'ait pas été tenu au courant des essais de la voiture qu'il avait fait construire, ni qu'il ait pu se tromper à ce sujet dans un Mémoire destiné au Ministre. On se trouve donc en présence de l'une des deux hypothèses suivantes : ou bien il aura été fait avec la voiture de

---

(1) Voir, page 4, ce que disent à ce sujet les *Mémoires* de Grimm.

(2) *Exposition et histoire des principales découvertes scientifiques modernes,* par Louis Figuier. Paris, Masson, 1852. T. III, p. 315.

(3) *Mémoires secrets pour servir à l'histoire de la République des lettres en France depuis M DCC LXII jusqu'à nos jours.* Londres, chez John Adamson. M DCC LXXXIV. T. V, p. 191.

Cugnot, à la fin de 1770, des essais autres que ceux auxquels avaient assisté le duc de Choiseul et Gribeauval *antérieurement au 23 avril 1770* (car la lettre à M. de Chateaufer est forcément postérieure aux premiers essais), ou bien Bachaumont s'est trompé dans les *Mémoires secrets,* en rapportant quelques années après l'événement (1784) un récit qui d'ailleurs avait pu lui parvenir plus ou moins altéré.

La première hypothèse est bien peu vraisemblable, car ce deuxième essai de la voiture de Cugnot n'aurait pu être ignoré du général Gribeauval et du citoyen Rolland, surtout s'il avait donné les résultats indiqués par Bachaumont, c'est-à-dire une vitesse de cinq quarts de lieue à l'heure, vitesse que l'inventeur lui-même n'espérait pas obtenir, et nous sommes amené par suite à admettre la deuxième hypothèse, celle d'une erreur de Bachaumont. Notons du reste en passant que cet auteur ne fait aucune allusion à la fameuse légende du mur qui aurait été renversé par la voiture à vapeur.

Il ne semble pas non plus que le fardier de Cugnot ait été essayé plus tard. La lettre du commissaire général Rolland montre en effet que le général Bonaparte s'embarqua pour l'Égypte avant d'avoir pu faire procéder aux expériences dont il avait prescrit l'exécution, et elle établit d'une façon certaine qu'en 1800 la voiture construite trente ans auparavant n'avait encore été l'objet d'aucun essai.

Faut-il admettre qu'avant de l'envoyer, comme disait Rolland, « dans cette espèce de Purgatoire » que constituait le Conservatoire des Arts et Métiers, on se décida enfin à la faire fonctionner, et serait-ce à cet essai hypothétique que se rapporte la tradition d'après laquelle la voiture de Cugnot aurait renversé un mur dans l'arsenal de Paris ?

On serait tenté de le croire en lisant le rapport suivant du général Andréossi en date du 25 pluviôse an VIII (14 février 1800).

RAPPORT PRÉSENTÉ AU MINISTRE.

le 25 pluviôse, l'an 8ᵉ de la République française, une et indivisible.

« Il existe, dans une des cours de l'ancien arsenal de Paris, une
« voiture qui peut être mue par l'effet de la vapeur de l'eau produite
« par le feu. Elle est de l'invention de feu Cugnot (¹), ancien ingé-
« nieur chez l'étranger et auteur de l'ouvrage intitulé : *Fortification*
« *de campagne.*

« Elle a été construite sur la fin de 1770 (v. s.) par ordre du Mi-
« nistre de la Guerre ; mais différents événements ont empêché jus-
« qu'à ce moment qu'elle ne fut soumise à l'epreuve.

« Le citoyen Rolland, Commissaire ordonnateur, informé de l'ordre
« donné de la remettre au dépositaire du Musée des Arts, invite à
« la faire epprouver auparavant.

« Il donne lieu d'espérer que cette epreuve aura du succès en
« rendant compte qu'une voiture de la même espèce, mais plus pe-
« tite et imparfaite, a été mise en expérience en présence du Mi-
« nistre de la Guerre feu Choiseul, du défunt Général Gribauval (²) et
« de beaucoup d'autres spectateurs dont il faisait partie, et que
« cette voiture marchait horisontalement et aurait parcouru environ
« 1 800 toises ou 2 000 toises par heure, si la capacité de la chau-
« dière avait été justement proportionnée à celle de ses pompes
« et si elle n'avait eu plusieurs autres défauts qui obligeaient, après
« qu'elle avait marché pendant 12 à 15 minuttes, à la laisser reposer
« pendant le même temps afin que la vapeur de l'eau reprît sa pre-
« mière force. Enfin il observe qu'il ne coûtera pour epprouver cette
« voiture que du bois de chauffage et le salaire de quelques ou-
« vriers, parce que le Citoyen Brézin, fils de l'Entrepreneur qui l'a
« construite, la considérant comme chef-d'œuvre de son père, offre
« de faire *gratuitement* les réparations dont elle peut avoir besoin.

« Il ne peut y avoir de doute sur l'avantage que présenterait ce
« mouvement du roulage opéré par les machines à feu substituées
« au tirage des chevaux et l'on pense que cette considération jointe
« aux raisons données par le Citoyen Rolland doivent déterminer à
« ordonner l'epreuve de la voiture pour laquelle ce Citoyen a écrit.

« En conséquence, on propose : 1º de faire faire cette epreuve en
« présence du premier inspecteur d'artillerie, des membres du Co-
« mité de cette arme et de celui des fortifications, et des Citoyens
« Perrier, Brézin et du Citoyen Rolland, Commissaire ordonnateur ;

(¹) Le général Andréossi commet ici une erreur manifeste, car Cugnot
ne mourut qu'en 1804.

(²) Le général Andréossi écrit *Gribauval* au lieu de *Gribeauval.*

« 2º D'autoriser le Directeur d'artillerie à Paris de fournir le bois
« et les ouvriers nécessaires à cette eppreuve ; 3º d'écrire au Citoyen
« Brézin que l'on accepte son offre de faire gratuitement les répa-
« rations dont peut avoir besoin la voiture dont est question. »
            Signé : Andréossi.   *Approuvé.*

Le rapport du général Andréossi ayant été approuvé
par le ministre, il semblerait que la voiture de Cugnot
ait dû finir par être essayée. Mais s'il en avait été ainsi,
il serait vraisemblablement resté dans les documents
officiels une trace quelconque des expériences faites. Il
serait en effet extraordinaire que tous les documents re-
latifs à cette voiture eussent été conservés malgré les
événements de la Révolution, et que le seul document
manquant aux archives de l'artillerie fût précisément le
dernier et le plus important, alors surtout que ce document daterait forcément d'une époque où les choses
avaient repris leur cours normal.

Il est donc bien probable que cette fois comme les
autres l'essai n'eut pas lieu et que la malheureuse voiture de Cugnot fut finalement envoyée *en Purgatoire*
sans avoir jamais fonctionné.

On peut s'en étonner aujourd'hui où l'on voit le mer-
veilleux développement de l'automobilisme ; mais est-il
bien surprenant qu'on ait renoncé il y a cent ans, à une
époque où la machine à vapeur était encore dans l'en-
fance, à essayer une voiture à vapeur dont la construction datait déjà d'une trentaine d'années ? Est-il même
bien certain qu'on agirait différemment aujourd'hui, si
l'on venait à découvrir en magasin quelque véhicule automobile datant de 1870 ? Il est vraisemblable qu'on
s'empresserait, sans autre explication, d'envoyer cette
vieillerie à la ferraille.

La seule chose dont on puisse à bon droit s'étonner,
c'est la malechance qui a poursuivi avec tant de persis-
tance l'invention de Cugnot et qui a fait que toutes les
bonnes volontés sont venues se heurter à une fatalité in-
vraisemblable.

« En vain le duc de Choiseul, premier ministre, après
« avoir assisté aux premières expériences, aura ordonné
« l'exécution d'une nouvelle machine aux frais de l'État,
« l'illustre général Gribeauval l'aura fait construire dans
« les établissements de l'artillerie ; un homme de cœur et
« d'intelligence, M. L.-N. Rolland, l'aura sauvée des
« mains des démolisseurs de 93 ; le vainqueur de l'Italie
« se sera intéressé à cette invention, et aura appelé sur
« elle l'attention de l'Institut ; rien, au milieu de nos
« agitations intestines, n'aura pu la préserver de l'aban-
« don et presque de l'oubli, et la seule consolation que
« l'auteur ait pu obtenir s'est réduite à une modique pen-
« sion de 1 000 francs, qui lui fut accordée par le premier
« Consul, sur la recommandation de l'Institut, formulée
« dans un rapport de MM. Lalande, Messier et de Prony,
« pour l'empêcher de mourir dans la misère (1). »

Cugnot ne put jouir, d'ailleurs, de cette pension que
pendant quelques années, car il mourut le 2 octobre 1804
(10 vendémiaire an XIII). Le *Moniteur* du 10 octobre
1804 publia, à l'occasion de cette mort, un article nécro-
logique où l'on voit apparaître, pour la première fois,
l'histoire du mur qui aurait été renversé lors des essais
de la voiture à vapeur :

« ... La voiture fut exécutée à l'arsenal et mise à l'é-
« preuve... la trop grande violence de ses mouvements
« ne permettait pas de la diriger, et, dès la première
« épreuve, un pan de mur qui se trouvait dans sa direction
« en fut renversé ; c'est ce qui empêcha d'en faire usage. »

Ce récit ne cadre en aucune façon avec ce que les documents officiels, les *Mémoires* de Grimm et même ceux
de Bachaumont nous rapportent sur l'essai de la première voiture de Cugnot, et il ne s'accorde pas davantage

---

(1) Général Morin. *Comptes rendus de l'Académie des sciences.* 1851.
Cugnot avait bien obtenu en 1772 une pension de 600 livres, mais cette
pension lui avait été supprimée par la Révolution. (Voir p. 50 la Notice
biographique sur Cugnot.)

avec l'état de conservation de la deuxième, celle qui existe encore au Conservatoire des Arts et Métiers et qui, comme nous l'avons vu, ne paraît pas avoir jamais été essayée. On peut donc croire qu'il fut l'œuvre d'un rédacteur trop pressé ou incomplètement renseigné, mais quelque inexact qu'il soit, il n'en est pas moins venu jusqu'à nous, souvent amplifié, quelquefois même accompagné d'illustrations représentant l'accident arrivé (?) à la voiture.

Quoi qu'il en soit, il est certain :

« 1° Que les premiers essais connus de locomotion « par la vapeur ont été faits en 1769 par N. Cugnot, in- « génieur français, né à Void en Lorraine le 26 février « 1725...

« 2° Que ces essais ont paru assez satisfaisants pour « engager le gouvernement à faire exécuter aux frais de « l'État une nouvelle machine capable de porter huit à « dix milliers.

« Que cette machine fut effectivement exécutée et ter- « minée vers le milieu de l'année 1771 et que c'est celle « qui est déposée au Conservatoire.

« Si l'on se rappelle que c'est en 1769 seulement que « Watt obtint sa première patente de perfectionnement « des machines fixes dans laquelle il n'est pas question « de l'application de la vapeur à la locomotion des voi- « tures, que les premières locomotives de Blenkinsop ne « datent que de 1811, on reconnaîtra sans doute comme « bien établis les droits de l'ingénieur Cugnot à la prio- « rité de l'application de la vapeur à la locomotion[1]. »

Cette opinion est du reste celle du savant américain Thurston, qui s'exprime ainsi dans son *Histoire de la machine à vapeur*[2] :

« ... La première expérience sérieuse fut faite, à ce

---

[1] Général Morin. *Comptes rendus de l'Académie des sciences.* 1851.
[2] *Histoire de la machine à vapeur*, par R. H. Thurston. Traduction de Hirsch. Paris, Germer-Baillière. 1880.

« que l'on croit, par un officier français, Nicolas-Joseph
« Cugnot, qui, en 1769,
« construisit une voi-
« ture à vapeur que
« l'on fit fonctionner
« en présence du mi-
« nistre de la guerre,
« duc de Choiseul. Les
« fonds nécessaires
« avaient été fournis à
« l'inventeur par le
« comte de Saxe. En-
« couragé par le demi-
« succès de cette pre-
« mière locomotive, il
« en construisit, en
« 1770, une seconde
« que l'on peut voir
« encore au Conserva-
« toire des Arts et Mé-
« tiers, à Paris. »

**Description de la voi-
ture de Cugnot.**

Il ne paraîtra peut-
être pas sans intérêt de
donner ici une descrip-
tion de la voiture de
Cugnot, ancêtre de nos
automobiles actuels.

**Construction de la voi-
ture.** — La voiture se
compose essentielle-
ment de deux parties :

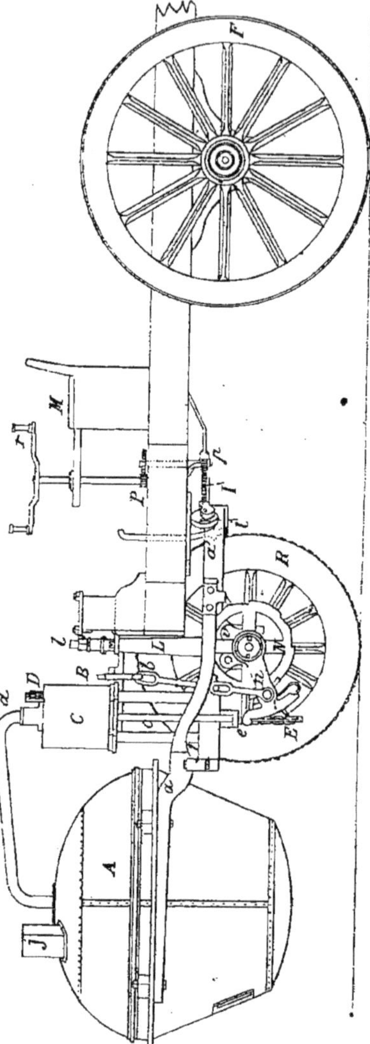

1° Un solide châssis en bois FP (figure α) formé de

deux longerons réunis par des traverses et constituant la plate-forme qui doit servir au transport des fardeaux. Deux roues supportent cette plate-forme et forment avec elle l'arrière-train du fardier ;

2° Un bâti *La'va* en fer forgé qui supporte la chaudière A et la machine motrice C, et qui est supporté lui-même par la roue R mobile autour d'un axe vertical, l'ensemble de ces diverses pièces formant avant-train.

On voit que ce fardier est en réalité un tricycle dont la roue avant est à la fois motrice et directrice. La roue R est du reste munie d'un bandage crénelé destiné à accroître son adhérence.

Le bâti *La'va* se compose d'une chape L assemblée à sa partie supérieure avec les deux cylindres moteurs C et C', et à sa partie inférieure avec les barres aa', le tout reposant sur l'essieu de la roue R par l'intermédiaire de deux plaques en bronze v. La cheville ouvrière est formée par un pivot l relié d'une part à la chape L, et maintenu d'autre part par un collier-lunette fixé à l'avant du châssis FP et dans lequel l peut tourner librement, permettant à la roue R d'exécuter les virages nécessaires.

On peut remarquer que le système $A\,C\,L\,a\,a'$ a la plus grande partie de son poids en avant du point d'appui de la roue R sur le sol. Pour empêcher le mouvement de bascule qui tendrait par suite à se produire, on a fixé à l'extrémité postérieure a' des barres $a\,a'$ des galets i qui viennent prendre appui sur une bande circulaire de roulement en fer forgé, boulonnée sous le châssis FP. Le poids de ce dernier, ajouté à celui de sa charge, suffit à équilibrer le système ACL. Les barres a' sont, d'autre part, reliées sous la voiture par un secteur denté I en prise avec un pignon p. Un guidon r à manettes, que manie le conducteur assis en M, permet, par l'intermédiaire de la roue dentée P, d'agir sur le pignon p et, par suite, sur le secteur I en faisant tourner à volonté la roue R autour de son pivot *l*. On peut ainsi diriger la voiture.

Organisation et fonctionnement du moteur. — L'appareil moteur comprend d'abord une chaudière A placée à l'avant et soutenue avec son foyer par les ferrures *a*. Le foyer en cuivre rouge est composé de deux pièces; il a la forme d'un tronc de cône à sa partie inférieure, et celle d'une calotte sphérique à la partie supérieure. La chaudière, sorte de sphéroïde aplati, est comprise entre le couvercle et le fond du foyer, de telle sorte que la flamme et les gaz chauds peuvent circuler librement dans l'intervalle laissé libre pour s'échapper ensuite par les cheminées *j*. Un tube courbe *d*, partant de la chaudière, conduit la vapeur à l'appareil de distribution D, sorte de *tiroir rotatif* en forme de robinet à quatre voies.

La machine motrice proprement dite se compose de deux cylindres verticaux C C' en bronze, qui reçoivent la vapeur et la laissent ensuite échapper à leur partie supérieure par la même lumière, et par le même conduit qui se trouve alternativement en communication avec la chaudière et avec l'atmosphère, le mouvement du piston dans un des cylindres étant constamment inverse de celui de l'autre piston.

La vapeur agissant à haute pression sur l'un des pistons le force à descendre; la tige *c* du piston, qui est à section carrée, est reliée, à son extrémité inférieure, par une chaîne E à l'extrémité *e* d'un secteur circulaire, mobile à frottement doux autour de l'essieu de la roue motrice R.

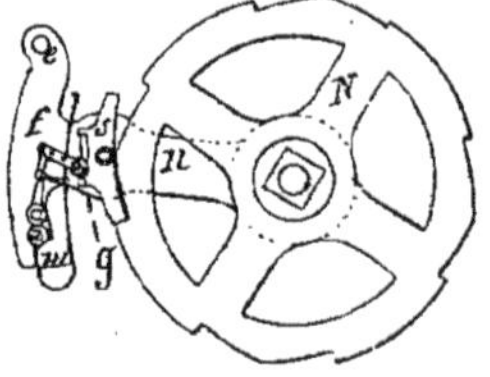

Entre les deux bras *n* de ce secteur (fig. β) est une roue à rochet N calée sur l'essieu; un cliquet *s*, que porte le secteur et qui est appuyé par le ressort *m* contre la surface du rochet N, agit sur

Fig. β.

les dents de celui-ci, et le force à tourner, ainsi que la roue R, quand la tige du piston c en descendant entraîne de haut en bas le bras n. Le mouvement de la roue R fait alors progresser tout l'appareil.

Le rochet est du reste disposé de façon à pouvoir être conduit en sens contraire pour faire reculer la voiture. Il suffit en effet de changer la position de la biellette f et de placer son extrémité munie du galet g à l'autre bout de la rainure pratiquée dans le cliquet s. Celui-ci se trouve alors appliqué par le ressort m contre le côté opposé des encoches de la roue N, ce qui change le sens de la rotation de la roue R (fig. β).

Le piston étant à simple effet et la machine n'ayant pas de condenseur, le piston ne remonterait pas par l'effet de la pression atmosphérique, mais les bras n et n' des deux secteurs gauche et droit sont reliés par l'intermédiaire des chaînes nb et $n'b'$ aux extrémités b et b' du balancier B dont l'axe, situé entre les deux cylindres, est horizontal et parallèle au sens de la marche (fig. α et γ).

Il résulte de là que quand le piston C descend en entraînant le bras n, celui-ci entraîne vers le bas, au moyen de la chaîne nb, l'extrémité b du balancier B, faisant ainsi remonter l'autre extrémité b' qui, par la chaîne $n'b'$, entraîne à son tour vers le haut le bras n' et, par suite, le piston C'; de telle sorte que, quand un piston s'abaisse, il relève en même temps l'autre et que, quand le piston C sera parvenu au bas de sa course en entraînant la roue R, le piston C' sera au contraire revenu en haut, prêt à entraîner à son tour la roue R, ce qui assurera la continuité du mouvement.

Distribution. — Quant à la distribution de la vapeur, elle est produite, comme on l'a vu, par le mouvement alternatif d'un robinet à quatre voies D, mû de la manière suivante :

Sur chaque tige de piston c (c') est fixé, par une vis

de pression, un toc T (T') en forme de marteau qui, dans sa descente avec la tige c (c'), agit sur un petit balancier terminé par des galets t et t' ; ce balancier tt' reçoit ainsi autour de l'axe O un mouvement alternatif, lequel, par une espèce de parallélogramme Oo, un

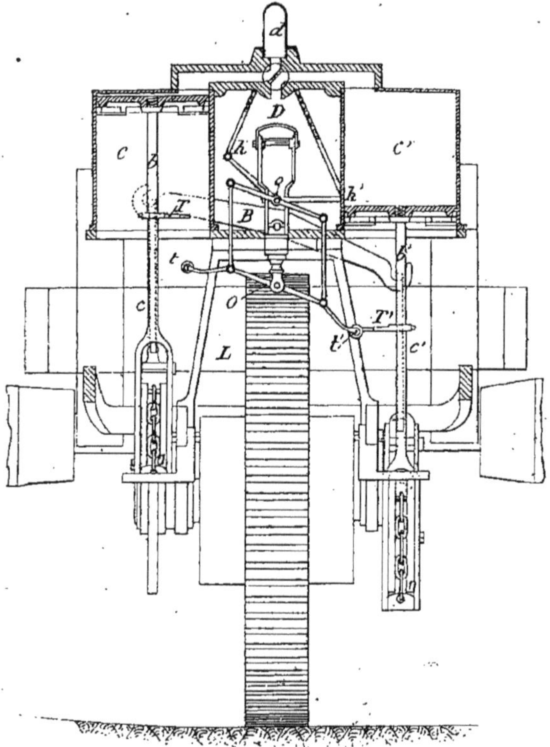

Fig. 7.

deuxième balancier coudé hh', et une chaîne de Vaucanson hDh', se communique au tiroir rotatif D (¹).

Les deux ouvertures par lesquelles le tiroir D établit

(¹) En réalité la chaîne hDh' agit sur un double toc circulaire dont l'action s'exerce sur des saillies ménagées à l'extérieur du robinet D.

alternativement la communication de l'intérieur des cylindres C ét C' avec le tuyau de vapeur *d* et l'air extérieur
sont donc ouvertes et fermées successivement.

C'est ainsi que dans la position de la figure γ, la vapeur
va être admise dans C tandis que celle qui a agi dans C'
va être évacuée. Au contraire, lorsque le piston C sera
au bas de sa course, le galet *t* sera poussé par le toc T
et le tiroir rotatif mettra C à l'échappement et C' à l'ad-
mission.

Dispositif de détente. — On remarquera de plus que,
dans la figure γ, les tocs T et T' sont placés de telle
façon que la vapeur est admise à pleine course, mais,
comme les tocs peuvent être placés à différentes hauteurs
sur les tiges *c* et *c'* des pistons, il est possible d'obtenir
toutes les admissions désirables, dispositif qui permet à
la rigueur de faire varier à volonté la détente.

En résumé, on voit que la machine de Cugnot est une
Machine à haute pression, à double effet (à cause de ses
deux cylindres) et vraisemblablement *à détente variable.*

Avantages du système de Cugnot.

« C'est à la roue de devant, dit le baron Séguier([1]),
« que Cugnot judicieusement applique la puissance mo-
« trice ; la cause de la locomotion se trouve en avant du
« fardier, dans cette roue unique qui supporte tout le
« poids de la chaudière, de l'eau et du fourneau.

« Le système complet peut prendre, comme un avant-
« train ordinaire, des angles, même de 90°, par rapport
« à l'arrière-train. Le fardier à vapeur de Cugnot doit
« tourner aussi facilement sur le terrain que s'il était
« traîné par des chevaux.

« ... Les successeurs de Cugnot, en attelant leurs che-
« vaux-vapeur derrière la voiture pour la pousser en

----

(1) Note sur la *Voiture de Cugnot,* par le baron Séguier, membre du
Comité consultatif des Arts et Manufactures (octobre 1866).

« avant, au lieu de la traîner derrière eux, n'ont pu pro-
« duire des effets supérieurs aux siens, que grâce aux
« progrès réalisés dans les générateurs de vapeur, et dans
« les mécanismes moteurs. »

L'application de la force motrice aux roues arrière
oblige en effet soit à faire le sacrifice de l'adhérence d'une
des deux roues dans les tournants, soit à recourir à l'emploi du différentiel (¹) adopté aujourd'hui par tous les
constructeurs d'automobiles.

La première solution est évidemment très défectueuse,
et quant au différentiel il n'est pas sans inconvénient :
c'est en effet une pièce délicate, d'un prix élevé et relativement fragile, surtout quand les efforts à transmettre
sont un peu considérables. Il a en outre le défaut de
fonctionner d'une façon intempestive en alignement droit,
lorsque la résistance du sol n'est pas absolument uni-
forme.

La solution de Cugnot est au contraire assez satisfaisante pour les vitesses modérées, ainsi que le montre
l'emploi relativement fréquent de locomotives routières à
trois roues (²); en revanche, elle ne conviendrait guère
pour les grandes vitesses auxquelles on est arrivé aujour-
d'hui.

On emploie du reste de nouveau actuellement cette
solution (roue avant à la fois porteuse, motrice et directrice) pour des voiturettes légères, et il n'est pas impossible qu'on arrive, comme le demandait le baron Séguier,
à faire usage de deux roues de cette espèce, mues chacune par un mécanisme indépendant; le problème est,

---

(1) Le différentiel, ou plutôt l'engrenage différentiel à pignon satellite, a
été inventé en 1828 par un Français, Onésiphore Pecqueur, chef des ateliers
du *Conservatoire des Arts et Métiers*. Il permet aux deux roues motrices
de prendre, dans les courbes, des vitesses différentes sous l'influence de la
différence de résistance que le sol oppose au mouvement des roues. La roue
extérieure, éprouvant une résistance plus faible que l'autre, prend une vitesse de rotation plus considérable et le virage se fait sans difficulté.

(2) Les locomotives routières de la maison Lotz, de Nantes, étaient
toutes à trois roues.

en effet, relativement facile à résoudre avec les moteurs électriques et il est à l'étude pour les autres ([1]).

En ce qui concerne la machine à vapeur employée par Cugnot, on remarquera combien l'inventeur français était en avance sur son époque avec son moteur à haute pression, à double effet et à détente variable ([2]).

Le mérite de Cugnot a du reste été reconnu par des savants étrangers qu'on ne peut soupçonner de partialité.

C'est ainsi que Thurston, parlant du fardier à vapeur qu'il avait vu au Conservatoire, s'exprime en ces termes ([3]) :

« Cette machine, lors de l'examen que j'en ai fait ré« cemment (1878), était encore dans un excellent état. « La voiture et le mécanisme sont solidement construits, « soigneusement travaillés et constituent une œuvre digne « d'éloges à tous les points de vue. C'est une véritable « surprise pour l'ingénieur de trouver une aussi belle « exécution dans l'ouvrage construit par le mécanicien « Brézin, il y a un siècle. »

Un autre ingénieur, Cooper, secrétaire de l'Institut des ingénieurs mécaniciens de Londres, disait, en 1859, dans un rapport sur la machine de Cugnot : « ... Le plus

------

([1]) Il existe déjà un certain nombre de voitures électriques de ce système donnant de bons résultats.

Il a été en outre construit tout récemment par M. Turgan une voiture à vapeur dont les deux roues arrière sont commandées par des moteurs indépendants identiques qu'alimente une même prise de vapeur. Cette voiture exécute les virages et même les voltes complètes avec une grande aisance, le moteur de la roue intérieure ralentissant de lui-même dès qu'on braque un peu la direction; elle peut du reste virer d'un côté ou de l'autre *avec un seul moteur.*

MM. de Dion et Bouton ont également construit, à une époque antérieure (1888), des quadricycles à vapeur *sans différentiel,* qui se comportaient fort bien sur la route. Ces quadricycles (fig. ε) possédaient deux moteurs *compound* semblables (fig. δ), placés côte à côte et actionnant chacun directement une des deux roues motrices.

Il semble donc possible de supprimer le différentiel dans les voitures à vapeur au moins aux vitesses modérées.

([2]) Le brevet de Watt pour l'emploi de la détente remonte seulement à l'année 1782.

([3]) *Histoire de la machine à vapeur,* par Thurston, t. I, p. 154.

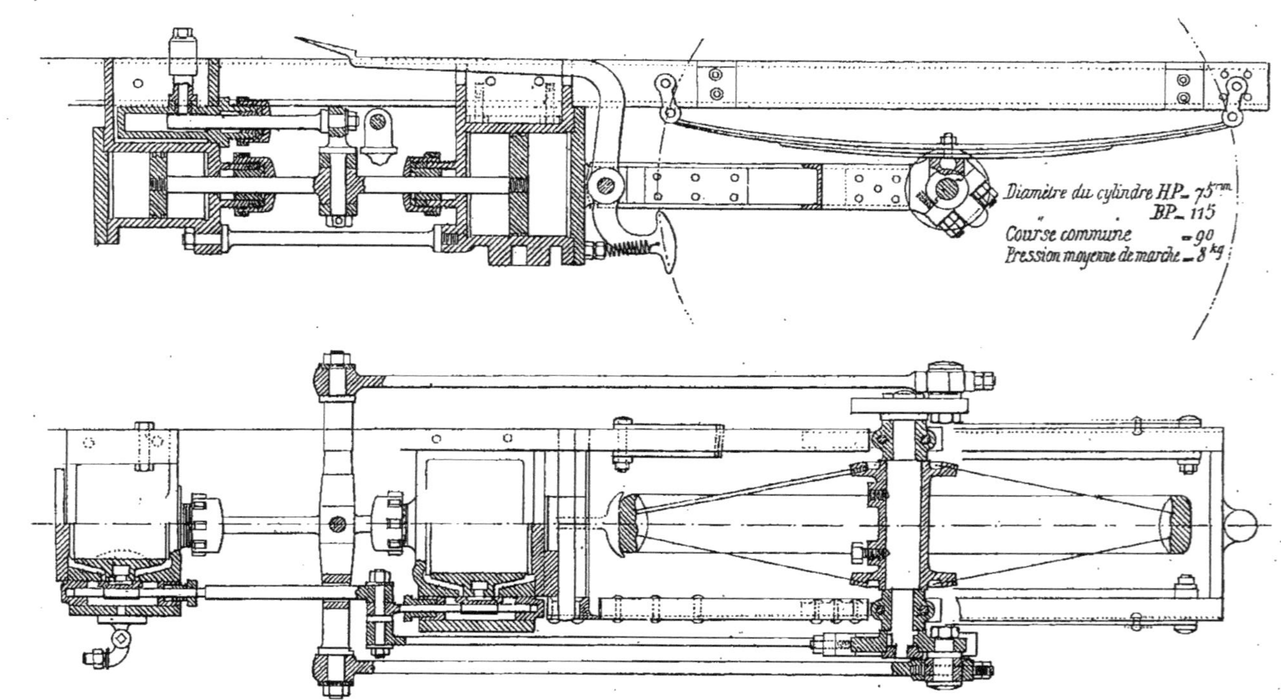

Fig. δ. — Moteur compound actionnant l'une des roues motrices du quadricycle de Dion-Bouton, sans différentiel (1888).

« remarquable emploi que je connaisse de la puissance
« de la vapeur pour la locomotion sur route est la loco-
« motive inventée par un Français, du nom de Cugnot,
« qui en termina la construction en l'année 1769. »

Fig. ε. — Quadricycle à vapeur de Dion-Boulon sans différentiel (1888).

Devant ces éloges posthumes on serait presque tenté
de désirer que le vœu de Gribeauval, de Bonaparte, du
commissaire Rolland et d'Andréossi fût enfin exaucé et
qu'après 135 années d'oubli la voiture de Cugnot, intel-
ligemment réparée, fût enfin soumise à des épreuves sérieuses.

*
* *

Notice biographique sur Cugnot ([1]).

Nicolas-Joseph Cugnot naquit à Void en Lorraine le 25 septembre 1725. Il passa sa jeunesse en Allemagne comme ingénieur au service de l'empereur, et poursuivit ensuite sa carrière dans les Pays-Bas, où il servit sous les ordres du prince Charles. Vers 1763 il rentra en France et s'installa à Paris où il s'occupa surtout d'art militaire. Il eut alors l'occasion de faire la connaissance du maréchal de Saxe et lui présenta un fusil de *uhlan* de son invention, qui fut mis en service dans quelques corps de troupe.

Encouragé par ce premier succès et aidé par les subsides du maréchal de Saxe, Cugnot entreprit de construire un *cabriot* automobile à vapeur. C'est à ce moment que le général Gribeauval, qui paraît avoir connu l'inventeur en Autriche, à l'époque où tous deux servaient dans l'armée impériale, signala son intéressante tentative au duc de Choiseul, lequel prescrivit de faire construire la voiture aux frais de l'État. La chute du ministère fit malheureusement échouer tous les projets de Cugnot, et celui-ci ne reçut d'autre récompense qu'une pension de 600 livres qui lui fut accordée en 1772 par Louis XV. Privé de cette ressource au moment de la Révolution, il serait mort de misère sans le secours de quelques amis, parmi lesquels le peintre Mercier. Grâce aux efforts de ce dernier, il obtint enfin du premier Consul une pension de 1 000 fr.

Cugnot mourut à Paris le 2 octobre 1804.

En sa qualité d'ingénieur militaire, Cugnot a laissé divers ouvrages qui ne sont pas sans mérite et qui nous fournissent des renseignements intéressants sur la façon dont on comprenait l'art militaire et la fortification vers la fin du xviiie siècle. On a de lui :

Les éléments de l'art militaire ancien et moderne, par M. Cugnot, ancien ingénieur au service de Sa Majesté Impériale, Royale et Apostolique. 2 vol. in-12. Paris. 1766.

Fortification de campagne théorique et pratique. 1 vol. in-12. Paris. 1769. Ouvrage également publié en allemand à Berlin en 1775.

Théorie de la fortification avec des observations sur les différents systèmes qui ont paru depuis l'invention de l'artillerie et une nouvelle manière de construire les places. 1 vol. in-12. 1778.

---

(1) Voir : *Biographie universelle ancienne et moderne* de Michaut; *Dictionnaire universel* de Chaudon et Delandine; *Dictionnaire de biographie* de Dezobry et Bachelet; *Dictionnaire universel Larousse; Grande Encyclopédie,* etc.

TABLE DES MATIÈRES

BICYCLETTE PERCUTANTE

A UNE ET A DEUX VITESSES

Par L. FERRUS

CHEF D'ESCADRON D'ARTILLERIE

AVEC NEUF FIGURES DANS LE TEXTE

BERGER-LEVRAULT & Cⁱᵉ, ÉDITEURS

PARIS   NANCY

5, RUE DES BEAUX-ARTS, 5   18, RUE DES GLACIS, 18

1904

CURIOSITÉS CYCLISTES

BICYCLETTE PERCUTANTE

A UNE ET A DEUX VITESSES

Par L. FERRUS

CHEF D'ESCADRON D'ARTILLERIE

AVEC NEUF FIGURES DANS LE TEXTE

BERGER-LEVRAULT & Cie, ÉDITEURS

PARIS | NANCY
5, RUE DES BEAUX-ARTS, 5 | 18, RUE DES GLACIS, 18

1904

Extrait de la *Revue d'artillerie*

BICYCLETTE PERCUTANTE

Les bicyclettes sans chaîne ([1]) semblent présenter au premier abord des avantages assez sérieux sur les autres machines. On admet en effet généralement que la portion de travail absorbée par des engrenages bien taillés doit être très inférieure à celle absorbée par une chaîne. On admet également que, toutes choses égales d'ailleurs, l'emploi d'un *carter* rempli de matière lubrifiante permet de réduire considérablement les frottements ; or, l'usage du carter étant peu pratique avec les machines à chaîne, l'emploi de ce dispositif semble assurer la supériorité de leurs rivales.

Enfin, la présence du carter permet de supprimer le nettoyage ou du moins de le réduire à sa plus simple expression ; ce n'est pas là un avantage à dédaigner, surtout avec les machines militaires, qui doivent rouler quel que soit le temps.

En réalité, la supériorité des machines sans chaîne est loin d'être aussi bien établie que le croient généralement leurs partisans. M. Bourlet a démontré en effet par des expériences concluantes ([2]) que, dans une machine sans

---

([1]) Par bicyclette sans chaîne (*chainless*), nous entendons, ainsi qu'on a l'habitude de le faire, les bicyclettes à engrenages d'angle, à l'exclusion des bicyclettes à leviers ou autres transmissions. Quant au mot *acatène* il constitue une marque de fabrique et ne s'applique qu'à une bicyclette fabriquée par une maison déterminée.

([2]) Voir *Revue mensuelle du T. C. F.*, févr., mars et avril 1898.

chaîne avec carter en bon état, la quantité de travail absorbée par la transmission était sensiblement la même que dans une machine ordinaire, pourvu que celle-ci fût munie d'une bonne chaîne à rouleaux, la chaîne fût-elle médiocrement entretenue.

Il n'en resterait pas moins en faveur de la machine sans chaîne l'avantage sérieux de pouvoir se passer de nettoyage.

Mais les détracteurs de ce genre de machines font alors valoir contre elles les arguments suivants :

a) Les carters sont généralement peu solides et peu étanches ; ils remplissent par suite le plus souvent leur rôle d'une façon fort insuffisante. .

b) Le système de transmission par engrenages d'angle, excellent quand les engrenages occupent leur place théorique, perd tous ses avantages dès que le cadre de la machine vient à être faussé et que les coussinets ne sont plus exactement à leur place. Or un examen, même superficiel, démontre facilement que les cadres de la plupart des bicyclettes sont presque toujours faussés.

c) Le réglage d'une machine sans chaîne est fort délicat et ne peut être fait que par un ouvrier exercé, de l'aveu même des fabricants, qui recommandent à leurs clients de ne point déranger le réglage fait à l'usine. Quant au remplacement des engrenages usés, détériorés ou brisés, il est encore plus difficile.

d) Enfin, et ceci est peut-être plus grave encore, on reproche aux machines sans chaîne de rendre le démarrage et l'ascension des rampes assez difficiles (¹).

Ce dernier défaut tient au manque d'élasticité de la transmission. Dans une machine ordinaire, en effet, on a beau tendre la chaîne, il est impossible d'empêcher qu'elle ne fasse plus ou moins chaînette, c'est-à-dire qu'elle ne

---

(1) Une machine qui a le démarrage dur doit forcément monter les rampes avec difficulté, l'ascension d'une rampe un peu accentuée se composant d'une série de démarrages.

présente une certaine flèche. Or l'existence de cette flèche a pour résultat de donner à la transmission une élasticité plus ou moins grande qui supprime la brutalité du démarrage, le cycliste, quoi qu'il fasse, démarrant toujours par l'intermédiaire d'une espèce de ressort.

Avec la transmission par engrenages, il ne se produit rien de pareil, et l'effort du cycliste se trouve transmis à la machine sans l'intervention d'aucun intermédiaire élastique. C'est ce qui explique la dureté apparente de la machine ; c'est ce qui amène l'égrènement des pignons quand un cycliste démarre brusquement ou qu'il pilonne un peu brutalement dans une rampe accentuée.

Toute cette série d'inconvénients, l'inventeur s'est attaché à la faire disparaître dans la *bicyclette percutante* par l'emploi des moyens suivants :

a') Carter solide et étanche faisant partie intégrante du bâti de la machine ;

b') Montage spécial des pignons d'angle permettant de les rendre, dans une certaine mesure, indépendants de la direction des arbres de transmission, c'est-à-dire des axes du bâti de la machine, qui peut alors se fausser sans inconvénient ;

c') Indépendance des mêmes pignons rendant leur démontage, leur réglage et leur remplacement faciles à exécuter ;

d') Transmission de l'effort moteur de l'axe-pédalier au grand pignon par l'intermédiaire d'une clavette circulaire souple jouant le rôle de ressort et donnant à la machine l'élasticité qui lui manque.

Examinons comment ces différentes conditions ont pu être remplies.

Ensemble du système moteur (fig. α).

La figure α représente l'ensemble du système moteur. La boîte pédalier A, contenant l'axe pédalier B et le grand pignon G, reçoit les extrémités antérieures des deux tubes formant la fourche arrière de la machine. Le tube gauche est constitué à la façon ordinaire ; quant au tube droit S, il s'assemble dans la boîte carter avant A et dans la boîte carter arrière V au moyen des deux raccords TT maintenus par les écrous à chapeau UU.

A l'intérieur du tube S se trouve l'arbre de transmission R, porté par les fusées KK, avec ses deux pignons PP qui engrènent l'un avec le grand pignon G, l'autre avec le pignon W de la roue motrice.

Les deux pignons arrière P et W sont enfermés dans une double boîte carter VX, comme les pignons avant P et G sont enfermés dans la boîte pédalier A. Enfin, l'axe de la roue arrière ι est fixé, comme d'ordinaire, d'une part au tube gauche de la fourche, d'autre part à la double boîte carter VX, les carters A et VX formant ainsi, avec les deux tubes de la fourche arrière et l'axe de la roue motrice, un ensemble indéformable.

Nous allons étudier séparément les trois parties principales du système moteur savoir :

1° Pédalier ;

2° Transmission latérale ;

3° Moyeu arrière.

Pédalier (fig. β).

La boîte carter A du pédalier porte quatre raccords dont trois servent à la relier aux tubes du cadre ; le quatrième contenant le pignon P se raccorde avec la partie arrière par l'intermédiaire du tube S. Les orifices latéraux de la boîte A sont fermés, à gauche par la cuvette F et son contre-écrou F', à droite par le couvercle carter D qui porte le cône de roulement E.

L'arbre pédalier B (fig. γ) est creux, ce qui permet de lui donner à poids égal une résistance plus grande et de ménager à chaque extrémité un filetage intérieur.

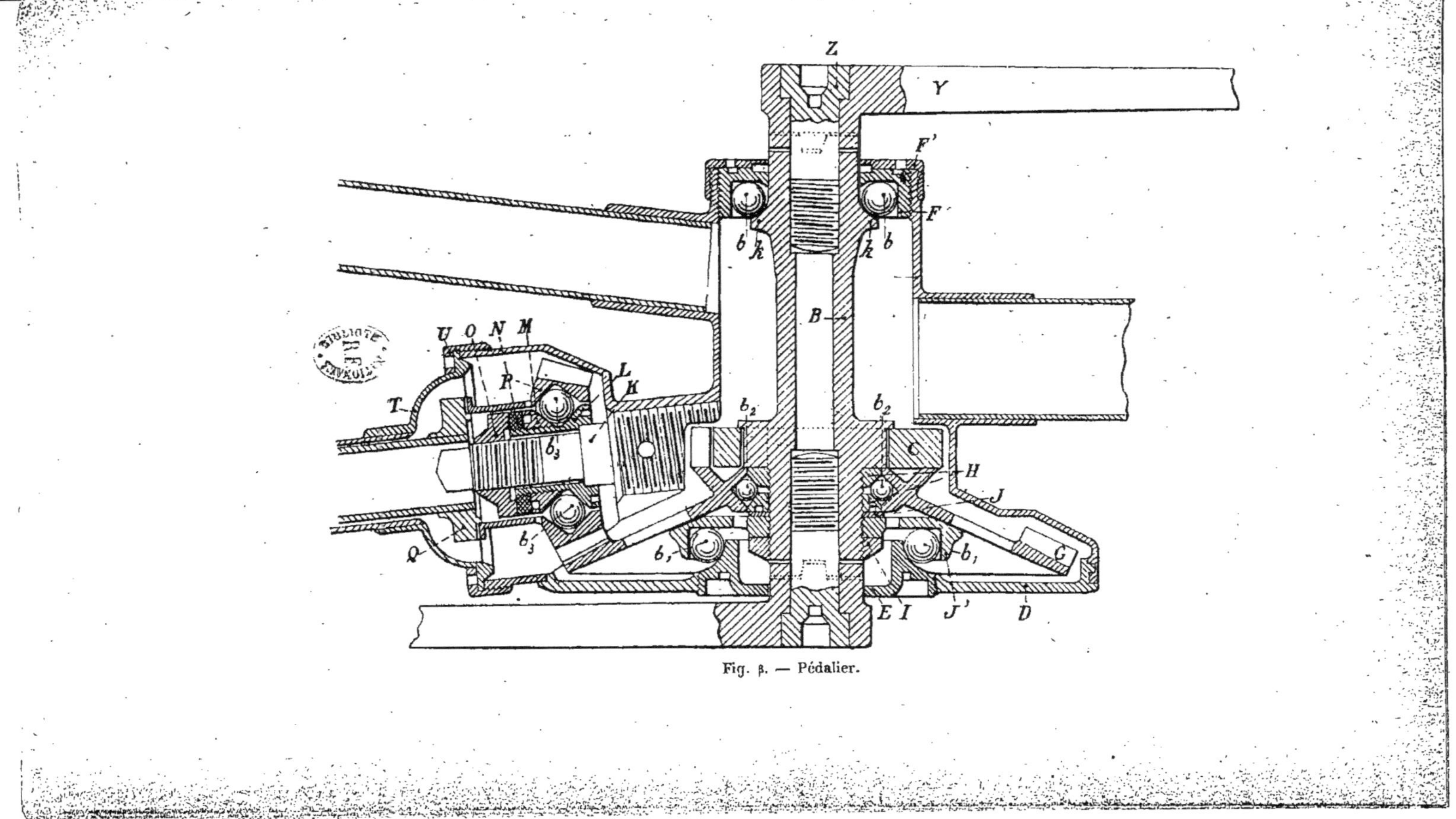

Fig. 8. — Pédalier.

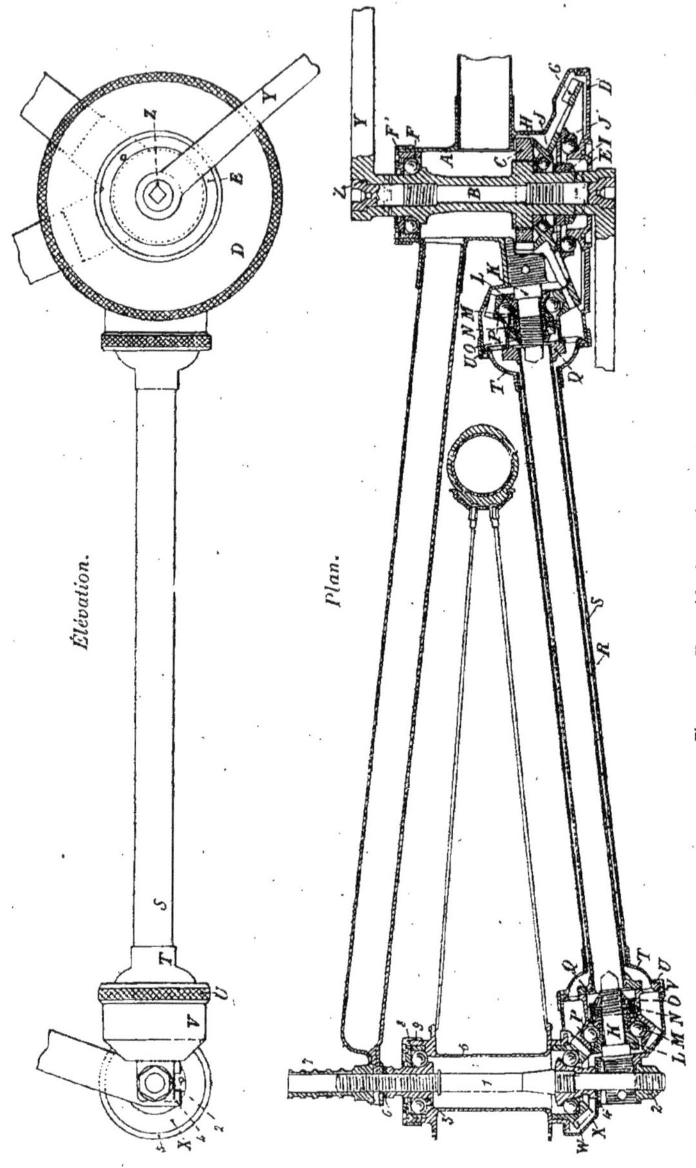

Fig. a. — Ensemble du système moteur.

Cet arbre présente à chaque extrémité 4 mortaises trapézoïdales taillées à la demande de 4 tenons de même forme portés par les manivelles. Dans ces conditions il suffit, pour monter les manivelles, d'engager les 4 tenons dans leurs mortaises et d'exercer sur le tout un certain serrage au moyen d'une vis Z qui peut se visser dans l'une des extrémités filetées de l'arbre. En raison de la forme conique des tenons, il est toujours facile de rattraper le jeu qui viendrait à se produire et l'on supprime ainsi tous les inconvénients du système ordinaire de clavetage, en même temps qu'on se ménage la possibilité de faire occuper aux manivelles quatre positions différentes.

L'arbre B roule sur ses coussinets bb et b_1b_1 par l'in-

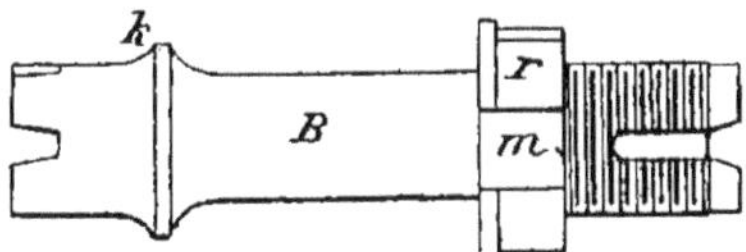

Fig. γ. — Arbre pédalier.

termédiaire d'un cône k faisant corps avec lui et d'une cuvette J' vissée sur l'arbre lui-même et maintenue par le contre-écrou I. Le cône k roule sur les billes b de la cuvette F et la cuvette J' sur les billes b_1 du cône E vissé sur le couvercle carter D.

Le grand pignon d'angle G repose sur l'arbre B par l'intermédiaire des billes d'oscillation b_2 et il est relié à l'arbre au moyen d'une clavette souple C (fig. δ), simple anneau fendu, en acier au creuset, dont les extrémités sont terminées par des tenons t et t_1.

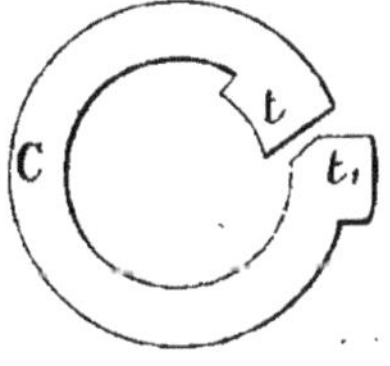

Fig. δ. — Clavette souple.

Clavette souple. — A cet effet, l'extrémité droite de

l'arbre B est munie d'un renfort cylindrique r (fig. γ) creusé de 4 mortaises semblables m (fig. ε), dans l'une desquelles s'engage le tenon intérieur t de la clavette souple C (¹). A droite du renfort, un filetage permet de monter les 2 cônes HH avec leur rondelle à griffe J, puis la cuvette J′ dont nous avons parlé précédemment. Cette dernière prend appui sur la rondelle à griffe J d'une part et sur le pignon G d'autre part, le tout étant maintenu à demeure par l'écrou indesserrable I.

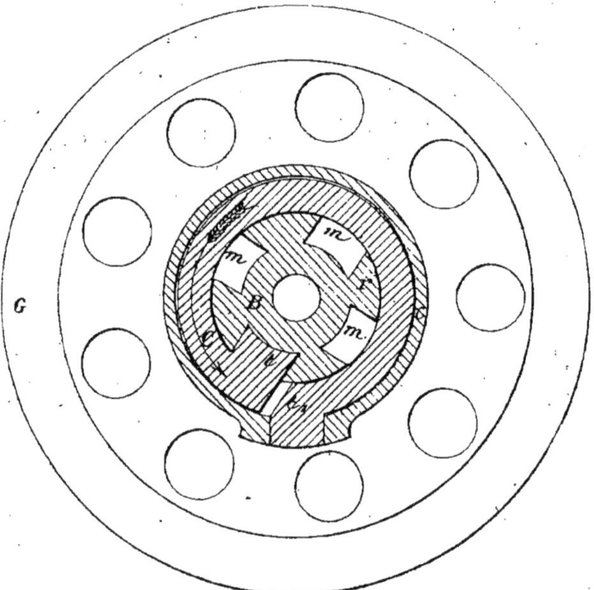

Fig. ι. — Montage de la clavette souple sur l'arbre pédalier.

Le grand pignon G est formé d'une couronne dentée dont le moyeu présente : 1° une gorge circulaire prenant

______

(1) L'existence des 4 mortaises m permet de faire varier le clavetage du pignon par rapport aux manivelles, et de faire travailler à leur tour les dents qui primitivement correspondaient aux points morts. On répartit ainsi à volonté l'usure sur toutes les dents du pignon (ce qu'on peut d'ailleurs obtenir aussi par le déclavetage des manivelles grâce à leurs 4 tenons). ·

appui sur les billes d'oscillation b_2; 2° une boîte circulaire c (fig. ε) dans laquelle vient se placer la clavette souple qui entoure l'arbre B, le tenon extérieur t_1 de cette clavette s'encastrant de son côté dans une mortaise correspondante de la boîte c (1).

On peut remarquer en passant que le grand pignon est monté de façon à éviter tout porte à faux, l'effort moteur s'exerçant sur les dents de ce pignon qui sont placées dans le même plan que les billes $b_1 b_1$ et le pignon G vevant d'autre part prendre appui sur la cuvette J'.

Voici comment fonctionne l'appareil moteur :

Quand le cycliste appuie sur l'une des manivelles, un des renforts r de l'arbre B entraîne le talon t de la clavette souple, mais celle-ci ne transmet le mouvement au pignon G, par l'intermédiaire du talon t_1 et de la boîte c, qu'avec un certain retard provenant de sa propre flexion. Cet effet se continue tant que l'effort transmis est supérieur à la force du ressort C; quand cet effort lui devient inférieur, le ressort C se détend en restituant le travail absorbé. C'est ce que l'inventeur exprime en disant que la machine *percute* (2) à chaque coup de pédale sous le pied du cycliste. On constate du reste très facilement cet effet de flexion en montant la machine, soit au démarrage, soit en rampe, soit en pente. La clavette souple fonctionne en effet dans les deux sens, aussi bien quand le cycliste retient que quand il pousse sa machine, et elle absorbe les chocs dans l'un et l'autre cas.

Transmission latérale.

Ainsi que nous l'avons indiqué, le pignon de commande G transmet le mouvement de l'arbre pédalier aux

---

(1) Il est à remarquer qu'en cas de rupture (improbable du reste) de la clavette C, le cycliste peut continuer à pédaler, mais alors sans intermédiaire élastique dans la transmission.

(2) C'est de là que provient le nom donné à la machine.

pignons latéraux P, contenus dans des boîtes que ferment hermétiquement les raccords T du tube S (fig. α).

Les pignons P étant montés tous les deux de la même façon, il suffira d'indiquer comment est organisé l'un d'eux, par exemple celui qui engrène avec le pignon G.

Sur la boîte renfermant le pignon P (fig. β) est vissée et goupillée une fusée K, sur laquelle vient se placer un tube L formant cône de roulement. Sur ce tube se visse à son tour le cône M, maintenu par le contre-écrou N. Les cônes M et L forment ainsi une gorge réglable dans laquelle viennent circuler les billes b_3 du pignon P (fig. ζ), muni lui-même d'une gorge correspondante. Le pignon P, tournant ainsi sur un anneau de billes, se trouve parfaitement maintenu.

Réglage des roulements latéraux. — Le réglage du roulement se fait à la main de la façon suivante : prendre le pignon P dans la main gauche, les dents en dessus, introduire en dessous, sur le bout du doigt, le cône de réglage M, et verser dans l'intérieur du pignon les 10 billes b_3 que l'on fait entrer avec la main droite dans la gorge où elles se placent d'elles-mêmes en couronne. Introduire alors, du côté des dents du pignon, le cône-tube L et visser sur ce tube le cône M au moyen de la fourche à tenons, par le bout opposé aux dents, jusqu'à ce que l'on sente le contact des billes.

Pour achever le réglage, introduire une broche dans l'un des trous u, percés dans le corps du pignon (fig. ζ), et faire pénétrer la broche dans un des trous correspondants du cône M qui se trouve ainsi immobilisé. Maintenir le cône-tube L avec une clef à béquille et visser sur ce tube le contre-écrou N, qui pourra alors bloquer le cône M sans l'entraîner.

L'opération terminée et le réglage vérifié, placer le pignon P sur sa fusée K et immobiliser le cône-tube L sur cette fusée, au moyen de l'écrou indesserrable O.

Ce réglage, qui paraît assez compliqué à première vue, est en réalité fort simple à exécuter.

Le mouvement du pignon avant P se communique au pignon arrière P, au moyen d'un tube R tournant à l'intérieur du tube S du cadre, et portant à chacune de ses extrémités des croisillons Q. Ces croisillons s'engagent à cet effet dans les entailles *e e* pratiquées sur les bourrelets des pignons P (fig. ζ), mais sans constituer avec ceux-ci un assemblage rigide.

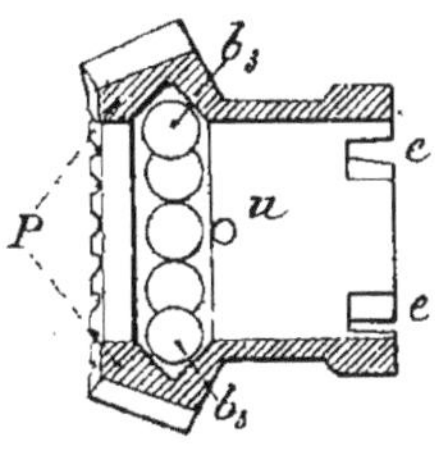

Fig. ζ.
Coupe d'un pignon latéral.

Il résulte de cette disposition que les déformations du cadre sont sans action sur les mouvements des pignons P qui ne sont réunis au tube R que par une sorte de joint à la Cardan, et qui ne sont d'autre part maintenus sur leurs fusées que par les billes de roulement.

Moyeu arrière (fig. η).

Le pignon arrière P, monté sur l'arbre R de même que le pignon avant et pouvant s'orienter librement sur cet arbre comme s'il lui était relié par un joint universel, communique son mouvement au pignon W vissé et soudé sur le moyeu 5 de la roue arrière (fig. η).

Le pignon arrière P est monté d'autre part sur la fusée arrière K exactement comme le pignon latéral avant, et son réglage se fait de la même façon que celui de ce dernier. Quant au moyeu 5 de la roue arrière, il est rendu indéréglable par le contre-écrou 6 du cône de réglage de gauche.

Enfin, l'écrou indesserrable 2 par l'embrèvement de sa couronne maintient dans une position *invariable* l'axe 1 du moyeu de la roue motrice, et immobilise en même temps la boîte carter V, l'arc-boutant de selle 4

et le carter X, tandis que par un dispositif analogue
l'écrou-marchepied 7 fixe la partie gauche du cadre.

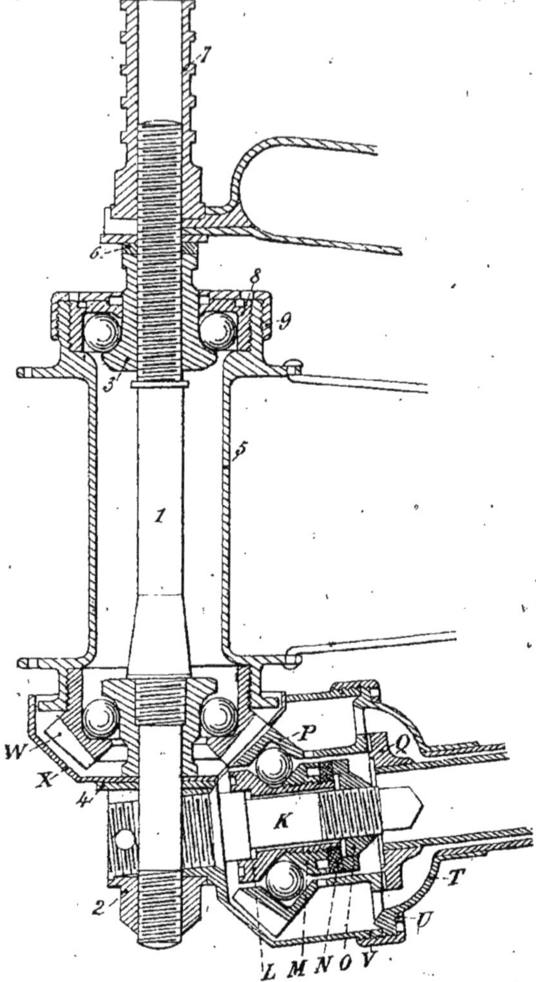

Fig. 7. — Coupe du mouvement arrière.

On voit que le pignon arrière P ne fait pas corps avec

le tube R et qu'il est seulement entraîné par le mouvement de rotation de ce tube, restant ainsi indépendant de l'orientation du pignon avant P.

Le réglage du moyeu 5 de la roue arrière, comme celui de l'arbre pédalier B, ne présente rien de particulier et se fait à la façon ordinaire.

Montage, démontage et réglage.

On voit que, contrairement à ce qui se passe habituellement dans les bicyclettes *chainless,* le réglage des différentes parties de la machine est facile à exécuter et qu'une fois exécuté il ne peut se déranger de lui-même.

En ce qui concerne le réglage des pignons d'angle, il est assuré par construction, et l'engrènement exact s'établit de lui-même dans le remontage, sans qu'on ait besoin de chercher à l'obtenir.

Quant au démontage et au remontage, ils sont aussi rapides et aussi faciles que pour les machines à chaîne, avec cet avantage toutefois que le réglage de la chaîne est supprimé sans être remplacé par celui d'un autre organe. En particulier, la roue arrière peut être enlevée et remise en place sans aucun réglage, avantage précieux en cas de réparation à la chambre à air.

Enfin, et ceci est une qualité fort appréciable pour un service un peu dur, le remplacement des diverses parties, et spécialement des pignons, peut s'exécuter facilement, même en cours de route, en cas d'usure ou de fracture.

N. B. — Une disposition spéciale très ingénieuse permet de rattraper le jeu que l'usure produit à la longue entre les engrenages : Le cône-tube L, au lieu de reposer directement sur l'épaulement de la fusée K (fig. β), prend appui sur celui-ci par l'intermédiaire de 4 petites rondelles d'acier juxtaposées, très minces. Il suffit, en cas de besoin, d'enlever une ou plusieurs de ces rondelles, ce qui est très facile, pour supprimer le jeu.

*
* *

CONCLUSIONS

En résumé, la bicyclette percutante paraît·présenter tous les avantages des machines sans chaîne, mais, par contre, elle échappe aux reproches que l'on adresse ordinairement aux *chainless*.

Son carter, qui fait partie intégrante du cadre, est aussi robuste que celui-ci et l'étanchéité en est assurée. La transmission ne souffre pas des déformations du cadre.

·La machine ne présente aucune difficulté au point de vue du montage, du démontage et du réglage des différentes parties et le remplacement des organes détériorés par accident ou simplement par usure est extrêmement facile dans toutes les circonstances.

Enfin, grâce à l'emploi d'un mode de transmission élastique, la clavette souple, véritable ressort interposé entre le cycliste et la transmission, la bicyclette percutante présente par rapport aux autres *chainless* les mêmes avantages que les machines ordinaires à chaîne ; les démarrages se font en effet sans brutalité et l'ascension des rampes est moins dure. Il semble même qu'à ce point de vue, la bicyclette percutante puisse offrir quelque supériorité sur les machines à chaîne, dans lesquelles l'élasticité de la transmission ne se trouve réalisée que d'une façon tout à fait indirecte.

BICYCLETTE SANS CHAINE

LA PERCUTANTE A DEUX VITESSES

Dans la description que nous venons de donner de la bicyclette La Percutante, nous avons fait ressortir les avantages que cette machine paraissait présenter sur la plupart des autres *chainless* ([1]) : carter robuste et étanche, transmission à l'abri des déformations du cadre, montage, démontage et réglage faciles (d'où remplacement aisé des organes détériorés), conservation du réglage de la roue arrière dans les démontages, enfin emploi d'un mode de transmission élastique.

Nous croyons maintenant intéressant de décrire l'application qui a été faite, à cette machine, d'un changement de vitesse d'un type nouveau, à l'occasion du concours de bicyclettes organisé par le Touring-Club de France en août 1902.

Le changement de vitesse de la Percutante ne comprend que deux vitesses ([2]). Il est du type à transmissions *juxtaposées,* lequel présente *à priori* une grande supériorité sur le type à transmissions *superposées,* ainsi que l'a montré à plusieurs reprises M. Bourlet.

Le principe de ce système est le suivant :

La roue motrice porte, calés sur son moyeu, deux pignons d'angle engrenant constamment avec deux autres

---

([1]) Nous employons le terme *chainless* à la place du mot *acatène,* ce dernier constituant une marque de fabrique.

([2]) C'est le cas de la plupart des bicyclettes à changement de vitesse, et il paraît bien difficile d'obtenir davantage sans complication excessive.

pignons montés sur l'arbre de transmission venant du pédalier ou sur son prolongement. De ces deux pignons l'un qui correspond à la grande vitesse est fou sur l'arbre, l'autre qui correspond à la petite vitesse est relié à cet arbre par un système d'encliquetage formant *roue libre*.

Un croisillon faisant corps avec l'arbre entraîne constamment l'encliquetage et par suite le pignon de petite vitesse. Mais, en déplaçant ce croisillon, on entraîne en outre le pignon de grande vitesse, sans rencontrer de résistance de la part du reste de la transmission, grâce à l'existence de l'encliquetage.

Ce dispositif n'est autre que celui qui est couramment employé dans les automobiles sous le nom de changement de vitesse *à pignons toujours en prise,* mais tandis que dans les automobiles il présente souvent des inconvénients à cause de la fragilité habituelle de l'organe d'entraînement et surtout de la grandeur des efforts mis en jeu, il fonctionne au contraire dans les bicyclettes d'une façon satisfaisante, en raison des dimensions relativement assez considérables de la pièce qui travaille le plus, et de l'inertie beaucoup plus faible des masses en mouvement (¹).

La figure x représente une coupe horizontale de ce changement de vitesse, coupe passant par l'axe 1 de la roue arrière et l'axe R de l'arbre de transmission (²).

K est la fusée centrale arrière qui sert à supporter tout le mécanisme ;

P_1 et W_1 sont les pignons de grande vitesse toujours en prise ;

P et W les pignons de petite vitesse également toujours en prise ;

---

(1) Nous ne croyons pas que des dispositifs identiques aient été essayés pour l'organe d'entraînement des changements de vitesse des automobiles. Ils seraient d'ailleurs probablement difficiles à manier en raison de leur masse et leur action serait en outre assez brutale.

(2) Les lettres employées sont les mêmes que dans la description de la Percutante ordinaire (Voir *celte-description p. 5 à p. 15*). On pourra donc facilement comparer les mécanismes.

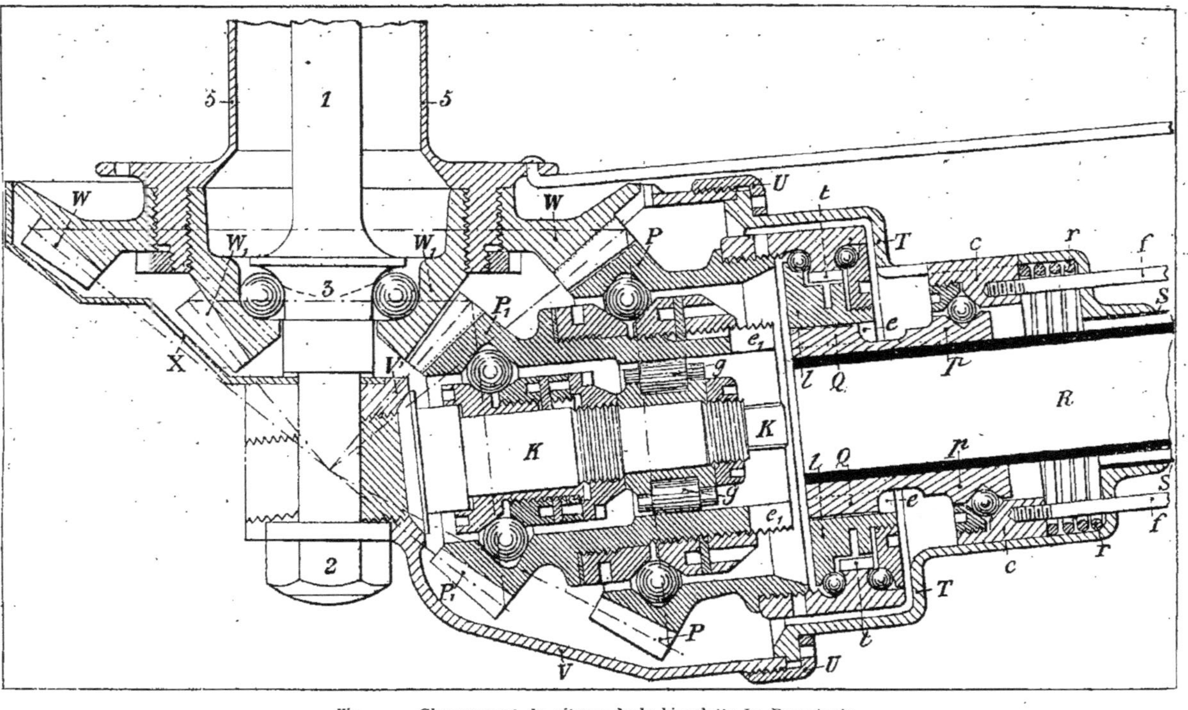

Fig. x. — Changement de vitesse de la bicyclette La Percutante.

l est un rochet, muni de taquets *tt*, qui peut entraîner le pignon P dans le sens de la marche directe;

p est une pièce d'entraînement brasée sur l'arbre R et permettant de le faire coulisser suivant son axe;

Q est un croisillon qui termine la pièce d'entraînement *p* et dont les quatre bras pénètrent en permanence dans les encoches *e* du rochet *l*, assurant ainsi l'entraînement du pignon P de petite vitesse; ces quatre bras peuvent également pénétrer dans les encoches e_1 du pignon P_1 quand on pousse en arrière la pièce d'entraînement *p*, ce qui produit l'entraînement du pignon P_1 de grande vitesse;

c est un collier à billes qu'on manœuvre au moyen de la fourchette *f* et qui permet d'actionner la pièce d'entraînement *p* et l'arbre R sans s'exposer au grippement habituellement si à craindre;

r est un ressort antagoniste qui tend à maintenir la pièce d'entraînement à sa position arrière, position correspondant à l'emploi de la grande vitesse;

g est une couronne de galets montée sur la fusée K pour mieux assurer le centrage du pignon P_1.

En comparant la figure x à celle qui représente la Percutante ordinaire (¹) on se rend facilement compte des modifications qui ont été introduites par l'organisation du changement de vitesse. On constate en même temps que le mécanisme est toujours construit d'après les mêmes principes, l'arbre de transmission R roulant toujours sur les billes qui supportent le pignon P.

Les différences consistent en ce que :

1° Les billes du pignon P, au lieu de reposer directement sur la fusée K, reposent sur celle-ci par l'intermédiaire du pignon P_1;

2° L'arbre R, au lieu d'entraîner directement le pignon P par son croisillon terminal, l'entraîne par l'intermédiaire du croisillon Q et du rochet *l* muni des taquets *t*,

---

(1) Voir figure η, page 14.

le pignon P reposant du reste sur le rochet l par l'intermédiaire d'une double couronne de billes.

Cela posé, il est facile de se rendre compte du fonctionnement du changement de vitesse.

Petite vitesse. — Considérons d'abord la position représentée par la figure x. L'arbre R, par l'intermédiaire de la pièce d'entraînement p et de son croisillon Q, entraîne le rochet l. Celui-ci, par ses taquets ll, entraîne à son tour le pignon de petite vitesse P et par suite le pignon W de la roue arrière.

Le pignon W_1, calé sur le moyeu arrière 5, est entraîné en même temps que W et entraîne à son tour P_1 qui, n'étant pas relié à l'arbre R par le croisillon Q, tourne librement sur sa fusée K.

Les seules résistances passives ajoutées ainsi à celles de la Percutante ordinaire sont :

Les frottements réciproques des pignons W_1 et P_1, frottements très faibles car l'effort à vaincre est négligeable ;

Le frottement du roulement à billes interposé entre P et P_1, frottement qui a une valeur d'autant plus faible que la vitesse relative des pignons P et P_1 est inférieure à la vitesse de P [1].

Le frottement occasionnel des galets g.

Toutes ces résistances passives sont insignifiantes, constantes et indépendantes de l'effort exercé par le cycliste.

Le fonctionnement de la petite vitesse se fait donc dans de très bonnes conditions.

Grande vitesse. — La pièce d'entraînement p ayant été poussée en arrière sous l'action du ressort antagoniste r que la fourchette f a cessé de bander, le croisillon Q pénètre dans les encoches e_1 du pignon P_1 sans quitter pour cela les encoches e du rochet l.

---

[1] La vitesse angulaire de P étant prise pour unité, celle de P_1 est égale à $1 - \dfrac{p\,w_1}{w\,p_1}$; or $w p_1 > p w_1$. (Voir la note de la page 22.)

Dans ces conditions, le croisillon Q entraîne successivement les pignons P_1 et W_1 et par suite la roue arrière 5. Celle-ci entraîne à son tour les pignons W et P qui tournent respectivement dans le même sens que les pignons W_1 et P_1.

D'autre part, le croisillon Q tend, comme précédemment, à entraîner le pignon P par l'intermédiaire du rochet l à la petite vitesse.

Mais la vitesse angulaire à laquelle la roue 5 entraîne le pignon P est égale, dans le cas actuel, au produit de la vitesse angulaire de l'arbre R par un certain coefficient de multiplication supérieur à l'unité, elle est donc supérieure à la vitesse angulaire que R tend à imprimer directement à P [1]. Par suite P tend à tourner plus vite qu'il ne tournerait sous l'action de Q et de l; il roulera donc sur la double couronne de billes du rochet l qui fonctionnera comme *roue libre*.

En résumé, on voit que la Percutante à deux vitesses, fonctionne en roue *libre* à la petite vitesse et en roue *serve* à la grande vitesse.

Dans ce dernier cas, en effet, il n'y a pas d'encliquetage intermédiaire agissant entre la roue arrière et l'arbre de transmission.

On ne peut trouver d'inconvénients à cette disposition que si l'on tient à avoir *dans tous les cas* une roue libre, ce qui ne nous paraît nullement indispensable [2].

----

[1] Appelons en effet p, p_1, w, w_1, les nombres respectifs de dents des pignons P, P_1, W et W_1; à chaque tour de l'arbre R le pignon P exécutera 1 tour, s'il est entraîné directement par Q, et $\frac{p_1}{w_1}\frac{w}{p}$ tours s'il est entraîné par l'intermédiaire de P_1, W_1 et W. Or, par hypothèse, $\frac{p_1}{w_1} > \frac{p}{w}$ puisque W_1 et P_1 sont les pignons de grande vitesse; il en résulte que l'on a $\frac{p_1}{w_1}\frac{w}{p} > 1$, ce qui prouve que P tourne plus vite s'il est entraîné par l'intermédiaire de la transmission que s'il est entraîné directement. Il n'y aura donc pas antagonisme entre ces deux mouvements grâce au rochet l.

[2] Il est à remarquer qu'en 1896, époque à laquelle nous décrivions

La Percutante à changement de vitesse a conservé les avantages du modèle ordinaire, elle est facilement démontable [1] et réglable, son fonctionnement ne souffre pas des déformations du cadre, enfin les roulements à billes bien placés ne sont pas exposés à prendre du jeu.

D'autre part, le rapport des vitesses peut varier dans des limites très étendues, ce qui est très important [2] et ne peut être réalisé avec les transmissions superposées.

Il faut ajouter du reste que les machines sans chaîne se prêtent particulièrement bien à l'emploi des changements de vitesse à transmissions *juxtaposées* ; l'adaptation d'un changement de vitesse ne change pour ainsi dire pas le poids de la machine et le mécanisme employé peut être très simple [3].

A ce point de vue, on peut dire que les machines sans chaîne, auxquelles on reproche souvent leur prix élevé et leur complication quand on les compare aux machines à chaîne, présentent au contraire une certaine supériorité sur celles-ci quand il s'agit de bicyclettes à changement de vitesse.

N. B. — On pourrait remplacer le collier à billes *c* par un collier à frottements lisses, employer au lieu du rochet *l* à taquets un rochet à galets, ce qui ferait disparaître la double couronne de billes, enfin supprimer la couronne de galets *g*. On simplifierait ainsi quelque peu le mécanisme, mais, bien qu'un modèle de ce genre ait

---

dans la *Revue d'artillerie*, sous le nom de *Frein d'entraînement circulaire Juhel*, la première roue libre de bicyclette ayant régulièrement fonctionné en France, aucun cycliste à peu près ne consentait à s'en servir ; actuellement, c'est la tendance contraire qui prédomine.

[1] La machine peut être démontée avec les seuls outils de la sacoche.

[2] Les deux développements à employer peuvent être choisis égaux à 3 m et à 5 m environ, ce qui fait de la bicyclette à la fois une machine de plaine et une machine pouvant circuler *à peu près partout* en montagne.

[3] Avec les bicyclettes à chaîne, le dispositif le plus simple de changement de vitesse est celui à deux chaînes ; malheureusement ce système n'est pas absolument sans inconvénients, ainsi que nous l'avons indiqué précédemment. (Nous ne parlons pas ici des machines dites *rétro-directes* qui ont également deux chaînes.)

donné de bons résultats dans le concours du Touring-Club, on peut craindre qu'il ne soit exposé à des grippements du collier c, à la détérioration du rochet à galets l qui travaillerait beaucoup et enfin à des mouvements accidentels de bascule du pignon P_r. Dans ces conditions, le système que nous venons de décrire paraît devoir garantir beaucoup plus sûrement un fonctionnement régulier.

Écrous indesserrables. — Nous avons à plusieurs reprises, dans la description de la bicyclette percutante, parlé d'écrous indesserrables (écrous O, écrou 2). Nous donnons ici la coupe d'un de ces écrous (fig. 0).

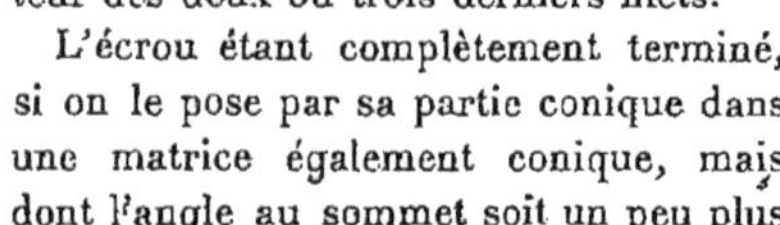

Fig. 0.

Écrou indesserrable des pignons latéraux.

On voit qu'il diffère des écrous ordinaires en ce qu'il se termine à sa partie supérieure externe par un tronc de cône, correspondant *habituellement* à la hauteur des deux ou trois derniers filets.

L'écrou étant complètement terminé, si on le pose par sa partie conique dans une matrice également conique, mais dont l'angle au sommet soit un peu plus grand que le sien, et qu'on exerce sur sa base une certaine pression (avec un marteau ou autrement), on retreint légèrement la partie conique correspondant aux deux ou trois derniers filets et, en même temps, on mate quelque peu ceux-ci.

Ceci fait, on pourra mettre l'écrou en place à la façon ordinaire en se servant de la main jusqu'à ce que les deux ou trois derniers filets arrivent en prise; à ce moment on achèvera de visser l'écrou avec une clef. Les derniers filets, ayant été à la fois retreints et matés, donneront du serrage dans les deux sens sur la tige filetée du boulon, et l'écrou ne pourra plus se desserrer, quelles que soient les vibrations de la machine.

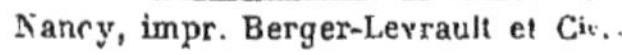

Nancy, impr. Berger-Levrault et Cie.

L. FERRUS, CHEF D'ESCADRON D'ARTILLERIE

Curiosités cyclistes et automobiles. *Roue libre. Bicyclettes et tandems à pétrole. L'invention de la locomotion automobile.* 1904. Brochure in-8, avec 10 figures et 2 planches hors texte . . . . **2 fr.**

Les Automobiles à l'Exposition de 1900. Extrait du *Rapport de la Commission militaire de l'Exposition universelle de 1900.* 1903. Un volume grand in-8 de 364 pages, avec 336 figures, broché . . . . **7 fr. 50 c.**

Les Pannes en Automobile. *Leurs méfaits; leurs remèdes; ce que doivent contenir les coffres d'une voiture automobile,* par H. GENTY, capitaine d'artillerie. 2ᵉ édition, revue et augmentée. 1904. In-8, avec figures, broché . . **1 fr. 50 c.**

La Bicyclette rétro-directe, par E. PERRACHE, capitaine d'artillerie territoriale. 1903. In-8, avec 16 figures, broché . . . . **1 fr.**

Étude sur la Bicyclette, par J. PALOQUE, capitaine d'artillerie. 1896. Brochure in-8, avec 32 figures dans le texte et 2 planches in-folio hors texte . . . . **2 fr.**

La Roue. *Étude paléo-technologique,* par F. FORESTIER, inspecteur général des ponts et chaussées, professeur du cours de routes à l'École des ponts et chaussées. 1901. Un volume grand in-8, avec 161 figures, broché . . . . **3 fr.**

Infanterie cycliste en campagne. *Étude sur la carte, d'après l'ouvrage « Cavalerie en campagne »* du colonel CHERFILS, par le capitaine GÉRARD. 1898. Un volume grand in-8, avec 3 cartes in-folio broché . . . . **3 fr. 50 c.**

Les Moteurs électriques à courant continu, par H. LEBLOND. 2ᵉ édition. Ouvrage couronné par l'Académie des sciences. 1898. Un volume in-8 de 576 pages, avec 129 figures, broché . . . . **10 fr.**

Les Accumulateurs électriques et leur emploi, par A. PIÉRART, capitaine du génie. 1896. Brochure in-8, avec 24 figures . . . . **1 fr.**

La Télégraphie sans fil et les Ondes électriques, par J. BOULANGER, chef de bataillon du génie, et G. FERRIÉ, capitaine du génie. 5ᵉ édition, augmentée et mise à jour. 1904. Un volume in-8 de 257 pages, avec 111 figures, br. **4 fr.**

Les Progrès de l'Aviation depuis 1891 par le vol plané, par F. FERBER, capitaine d'artillerie. 1904. In-8, avec 44 figures, broché . . . . **2 fr.**

Rapport de la Commission chargée par le Ministère de la guerre de rechercher et d'étudier, à l'Exposition universelle de 1900, les objets, produits, appareils et procédés présentés dans la section française et dans les sections étrangères, et susceptibles d'être utilisés pour les besoins de l'armée. 1902. Quatre vol. in-8, 2186 pages, avec 1352 fig. et 11 planches, br. **50 fr.**

SOMMAIRE DES QUATRE VOLUMES. — 1ᵉʳ *volume :* Avant-propos. Matériel d'artillerie. Métallurgie. Armes portatives, munitions et tir. Poudres et explosifs. Tourelles et blindages. Machines à vapeur. Machines hydrauliques. Machines motrices diverses. Machines-outils.

2ᵉ *volume :* Carrosserie et charronnage. Chemins de fer et tramways. Automobiles. Cycles. Procédés et matériaux de construction.

3ᵉ *volume :* Électricité. Arts chimiques. Hygiène, médecine, chirurgie et matériel sanitaire. Génie sanitaire. Éducation physique et enseignement.

4ᵉ *volume :* Instruments de géodésie et de topographie. Cartographie. Procédés de reproduction et d'impression. Subsistances militaires. Habillement et campement. Harnachement. Hippologie.

Dix ans de Touring Club, par le Docteur Léon PETIT. 1904. Un volume in-12 de 314 pages, broché . . . . **3 fr.**

Code du Cycliste, par Léon GARNIER et Paul DAUVERT. (Taxe sur les vélocipèdes. Circulation. Vélocipédie militaire. Télégraphes.) 1895. Un volume in-12, broché . . . . **2 fr.**

Automobiles et Vélocipèdes. *Réglementation. Réclamations. Renseignements divers, etc.* Extrait de l'ouvrage *Demandes et Réclamations administratives,* par M. BOIVIN, sous-préfet, et Ch. FERRY, secrétaire-greffier de conseil de préfecture. 1901. Plaquette in-18, brochée . . . . **60 c.**